场外期权实战手册

陈 燊 著

中国商业出版社

图书在版编目（CIP）数据

场外期权实战手册 / 陈燊著. -- 北京 : 中国商业出版社，2022.9

ISBN 978-7-5208-2150-6

Ⅰ. ①场… Ⅱ. ①陈… Ⅲ. ①期权交易一手册 Ⅳ. ①F830.91-62

中国版本图书馆CIP数据核字(2022)第159915号

责任编辑： 孔祥莉

中国商业出版社出版发行

（www.zgsycb.com　100053　北京广安门内报国寺1号）

总编室：010-63180647　　编辑室：010-83125014

发行部：010-83120835/8286

新华书店经销

湖北金港彩印有限公司印刷

*

880毫米×1230毫米　32开　5.75印张　100千字

2022年9月第1版　2022年9月第1次印刷

定价：58.00元

*　*　*　*

（如有印装质量问题可更换）

目录

MULU

第一章　场外期权发展与现状

一、场外期权的发展

听我讲个故事，你大概就懂什么是场外期权了。

很多年以前，我邻居家养了一头牛，由于这头牛耕地技术不行，邻居就找了个贩牛的人来。贩牛的人看这头牛肌肉发达，当下就付了 500 元的定金（期权费），并约定 2 周（期限）后再以 10000 元（名义本金）的价格来买牛（标的）。如果 2 周内没有来付剩下的钱，就表示他不要这头牛了，那 500 元就算是他失信的补偿。

2 周后，由于暴发猪瘟，很多买不到猪肉的人选择买牛肉，导致牛肉价格飙涨。牛贩子带着下游商家来到邻居家，牛贩子以 10000 元收购了这头牛，下游商家以 12000 元跟牛贩子收购了这头牛。这样牛贩子以 500 元的自有资金 2 周后就获利了 2000 元，盈利 400%。

邻居和牛贩子本质上就是在进行一场场外期权交易。邻居属于期权的卖方，履行卖牛的义务，而牛贩子属于期权的买方，拥有选择是否买卖牛的权利，为获此权利，他付出了 500 元的权利金，相当于期权费 5%，时间周期为 2 周。

由于邻居和牛贩子并非在集中的交易场所交易，协议的内容也是双方协商的结果，并不是标准的合约，所以他们的交易就是类似的场外期权活动。权利行使方可在 2 周内任何一个时间进行交易，所以他们是美式期权（相较于美式期权的“民主自由”，“严谨精确”的欧式期权只能在最后一个交易日结算）。

关于期权交易的第一项记录是《圣经·创世纪》中的一个合同制的协议，里面记录了大约在公元前 1700 年，雅克布为同拉班的小女儿瑞切尔结婚而签订的一个类似期权的契约，即雅克布在同意为拉班工作 7 年的条件下，得到同瑞切尔结婚的许可。从期权的定义来看，雅克布以 7 年劳工为“权利金”，获得了同瑞切尔结婚的“权利而非义务”。除此之外，在亚里士多德的《政治学》一书中，也记载了古希腊哲学家、数学家泰利斯凭借天文知识，预测来年春季的橄榄收成，然后再以极低的价格取得西奥斯和米拉特斯地区橄榄榨汁机的使用权的情节。这种“使用权”即已隐含了期权的概念，可以看作是期权的萌芽阶段。

现代期权的起源可追溯到17世纪初期的荷兰，当时该国正处于郁金香狂热状态，郁金香球茎对当时的荷兰人来说是一种投机性商品，价格被哄抬到极高的地步，因此，单纯现货买卖已无法满足投机者的需求。期权便是以具备高杠杆的特性在此时期诞生的。当时市场上已出现买进和卖出期权的概念。在买进期权的场合，郁金香的买家只需要付出小额权利金，就有权在某段时间内照履约价格买进郁金香球茎。如果价格上涨，则买方就可向卖方依履约价格低价买进郁金香球茎，此时买权的买方会有获利，但卖方会产生亏损。在卖出期权的场合，当郁金香价格下跌时，卖权的买方可以将郁金香球茎以履约价格高价卖给卖权的卖方，此时卖方有获利，买方则有损失。

在郁金香热的最高峰，1636年至1637年年初，当时荷兰的郁金香市场已发展至没有实体郁金香花茎交易的程度，因为郁金香的生长速度跟不上市场的运作速度。在当时，出现了一种“风中交易”（荷兰语：Windhandel）的郁金香期货买卖：卖家承诺将在隔年交出特定种类与重量的郁金香球茎，而买家拥有买下的权力；同时，市场上的价差可以透过现金结算。但是因为郁金香的花色是来自病毒入侵的结果，难以掌握，当时大多数的期权合约其实难以实现。郁金香狂热最后在 1637 年结束。当时郁金香价格暴跌，卖权买方纷纷要求履约，希望能将郁金香以较高的履约价卖给卖权的卖方，不过卖方却无法交割，导致当时期权市场崩溃，市场泡沫破灭。

18 世纪中叶，欧洲出现了有组织的农产品期权交易。18 世纪末，美国出现了场外交易的股票期权，还逐渐形成了期权经纪商与自营商协会。

进入 20 世纪，一些经纪商将上市公司的股票推荐给客户，换取其股票期权，从而使该股票市场需求飙升，上市公司和经纪商从中获益，而大批中小投资者却蒙受损失。1929 年股灾后，美国国会成立了美国证券交易委员会 (SEC)。SEC 最初向国会建议取缔期权交易，理由是“无法区分好期权与坏期权之间的差别，故为了方便只能将其全部禁止”。而期权经纪商与自营商协会则邀请了资深期权经纪人菲勒尔到国会作证。辩论中，SEC 官员厉声质问：“如果仅 12.5% 的期权履约，那其他 87.5% 的期权购买者岂不就白白把钱扔掉了吗？”菲勒尔从容回答：“如果你为房子买了火灾保险而房子并没有着火，你会认为是白白把保险费扔掉了吗？”最终菲勒尔说服了国会，使议员们相信期权的存在确有其经济价值，从而使美国的期权业得以生存发展。

1973 年，发生了期权成长史上的两件标志性事件：一是芝加哥大学两位教授布莱克和斯科尔斯发表论文《期权定价与公司负债》，建立起可推算任何已知期限金融工具理论价格的算法模型，使期权定价难题迎刃而解。二是因商品期货市场交易量持续低迷，芝加哥期货交易所 (CBOT) 历时 5 年投入大量研发费用后，于 4 月 26 日成立了全球首家期权交易所——芝加哥期权交易所 (CBOE)，场内期权由此诞生。到 4 月底，场内日交易量迅速超过场外。

1977 年 10 月，SEC“急刹车”，宣布暂停所有交易所股票类期权新合约上市。3 年后取消暂停令。随着科学技术的发展，期权市场交易方式也由传统的公开喊价逐步转向电子化。

2008 年，美国次贷危机爆发后颁布了《多德—弗兰克法案》，要求所有场外衍生品都要到场内进行中央清算。英国、德国等欧洲主要交易所也先后出台类似规定。

2013 年，我国开始推出场外期权，允许符合相关资质的机构参与场外期权的交易，国内的商业银行以及符合资质的大型基金公司成了首批场外期权交易的买方。

2017 年，多种第三方交易渠道的成立，场外期权业务迅速提升。个人可以通过多种渠道参与到场外期权的交易当中，主要有资管通道和私募基金通道两种模式。

2018 年，资管新规频频出台，限制了新增资管计划对接场外期权交易的可行性。各券商以及私募机构收到监管部门的窗口指导，标志着场外期权市场开始向规范化发展。

2020 年，监管体系以及法规基本成型，场外期权业务进入高速发展阶段。

2022 年 4 月 20 日，第十三届全国人民代表大会常务委员会第三十四次会议通过了《中华人民共和国期货和衍生品法》，场外期权业务走向规范化进程。

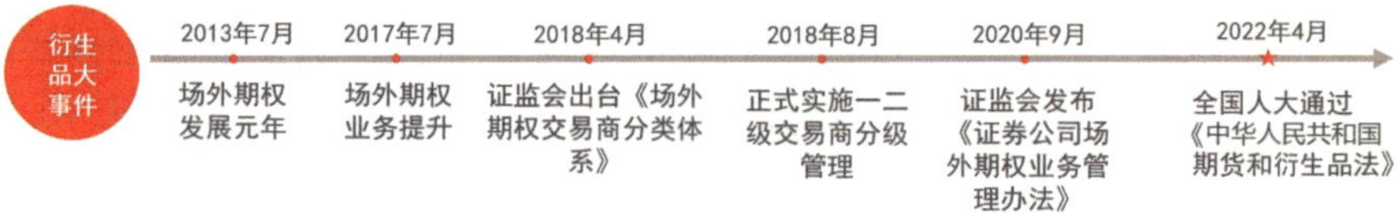

衍生品大事件

2013年7月	2017年7月	2018年4月	2018年8月	2020年9月	2022年4月
场外期权发展元年	场外期权业务提升	证监会出台《场外期权交易商分类体系》	正式实施一二级交易商分级管理	证监会发布《证券公司场外期权业务管理办法》	全国人大通过《中华人民共和国期货和衍生品法》

图1－1　国内场外期权发展历程

二、场外期权的现状

1. 场外期权行业现状

全球场外衍生品市场 1998 年至 2007 年快速增长，名义本金增长约 8 倍，年复合增长率约 26%。2008 年次贷危机爆发，场外衍生品规模趋于稳定，并于 2014 年大幅下降。国际清算银行 (BIS) 分析称下降的主要原因是合约压缩导致名义本金和交易减少。2015 年上半年，场外衍生品交易萎缩，场外期权规模却大幅上升，主要是由于推进场外衍生品市场改革、强化监管、增加中央清算比例，但 2015 年下半年又掉头向下。数据显示，2020 年三季度美国衍生品存量合约名义金额 1785.79 万亿美元。

期权交易主要以场外为主，早期场外期权规模曾是场内期权的 2.5 倍以上，1998 年至 2016 年场外期权占比期权市场平均为 63%，始终高于场内期权。场外期权规模 2001 年起逐渐下降，但 2022 年仍围绕 1.5 倍于场内规模上下波动。而从增长率来看，场外期权比场外衍生品整体规模的变化波动更加剧烈。2008 年下半年次贷危机令场外期权规模下降幅度高达 25.17%。

中国证券业协会数据显示，2021 年 5 月，证券公司场外金融衍生品业务新增初始名义本金 5665.06 亿元，国内场外衍生品规模逼近 1.5 万亿元，未了结初始名义本金为 14813.88 亿元。2022 年 1 月，证券公司开展场外金融衍生品交易新增初始名义本金 6124.49 亿元，场外金融衍生品存续未了结初始名义本金已超过 2 万亿元，合计 20756.78 亿元。

2021 年 12 月 3 日，中国证券业协会制定发布《证券公司收益互换业务管理办法》；同日，中国人民银行、中国证监会、中国银保监会以及国家外汇管理局也启动了就《关于促进衍生品业务规范发展的指导意见（征求意见稿）》向市场公开征求意见。

《证券公司收益互换业务管理办法》规定了收益互换将采用和场外期权相同的交易商资质，进一步明确了交易商牌照是券商对外开展场外衍生业务的必要前提，保证互换业务长期良性发展。此外，还明确提出互换不得与私募“挂钩”，相关产品展业受限。

2022 年 4 月 20 日，第十三届全国人大常委会第三十四次会议表决通过《中华人民共和国期货和衍生品法》，并于 2022 年 8 月 1 日起施行。有了期货和衍生品法的保驾护航，场外衍生品的市场发展将会越来越规范、越来越迅速，场外期权这一投资利器将被越来越多的投资者认知、运用和喜爱。

衍生品具有天然的高杠杆属性及其避险属性，随着衍生品规模逐步扩大，将带动市场活跃度提升，资格牌照不断放宽，券商抢夺衍生品市场有助于提升自身净资产收益率（ROE）。各家券商加速场外衍生品业务布局，增加机构客户黏性，进而丰富券商的收入来源，提高券商的综合服务能力以及综合竞争力。

具体来看，券商作为经纪商，主要代理买卖上交所、深交所股指期权，提供交易通道，撮合客户交易并赚取佣金；作为做市商，券商为买卖双方提供双向报价，为市场提供流动性，收益包括价差收入和交易所返佣；作为场外衍生品的对手方，券商赚取期权费与对冲成本间的价差。而券商在从事衍生品业务的过程中，主要通过自持挂钩标的来对冲风险，利润来源稳定，因此将成为券商增加业绩、打破强周期性、重资产化转型的关键。

2. 场外期权投资者现状

国内对场外期权业务的准入门槛很高。2020 年 9 月 25 日，中国证券业协会在发布的《证券公司场外期权业务管理办法》第二十四条规定指出，股票股指类等场外期权交易对手方应当是符合《证券期货投资者适当性管理办法》的专业机构投资者，并未显示对个人投资者开放。管理办法详细规定了机构投资者参与场外期权的条件。

第一，法人、合伙企业或者其他组织参与的，最近 1 年末净资产不低于 5000 万元人民币、金融资产不低于 2000 万元人民币，且具有 3 年以上证券、基金、期货、黄金、外汇等相关投资经验。

第二，资产管理机构代表产品参与的，最近 1 年末管理的金融资产规模不低于 5 亿元人民币，且具备 2 年以上金融产品管理经验。参与的产品，应当为合规设立的非结构化产品，规模不低于 5000 万元人民币，并要求进行穿透。

在符合穿透后的委托人中，单一投资者在产品中权益超过 20% 的，应当符合《证券期货投资者适当性管理办法》专业投资者的基本标准，且最近 1 年末金融资产不低于 2000 万元人民币，具有 3 年以上证券、基金、期货、黄金、外汇等相关投资经验；同时，购买场外期权支付的期权费以及缴纳的初始保证金合计不超过产品规模的 30%。

《证券公司场外期权业务管理办法》第四条对风险合规方面强调，证券公司应以服务实体经济为目标，以客户风险管理需求为导向，合规、审慎开展场外期权业务。严禁与客户开展单纯以高杠杆投机为目的、不存在真实风险管理需求的场外期权业务。

与场内期权相比，场外期权一方面可交易的标的范围更广，包括股指、个股、黄金、原油等不同品种；另一方面定制化程度更高，可选择的结构灵活多样。此外，从投资者的参与情况来看，场外期权的参与者均为机构投资者，而场内期权的参与者中个人投资者较多，价格除了受到期权本身价值的影响，还会受到供求和交易等因素的影响，价格波动相对较大。

根据《证券公司场外期权业务管理办法》相关要求，交易商应参照沪深交易所按季定期发布的融资融券标的名单（暂不含科创板及创业板注册制股票）。

个股期权与股票、50ETF 期权、期货的对比，如表 1–1 所示。

表 1–1　个股期权与股票、50ETF 期权、期货的对比

	个股期权	股票	50ETF 期权	期货
交易标的	证券业协会公布的最新票池	沪深全部个股	上证 50 交易型开放式指数证券投资基金	上期所 / 大商所 / 郑商所 / 上海国际能源交易中心上市标的
资金利用率	高，10 ~ 30 倍杠杆	低，无杠杆	较高杠杆	较高，3 ~ 10 倍杠杆

续表

	个股期权	股票	50ETF 期权	期货
交易场所	场外交易可一对一定制	场内交易	场内交易	场内交易
交易方向	双向交易	单向，做多	双向交易	双向交易
损益结构	非线性损益	线性损益	非线性损益	线性损益
最大风险	权利金，风险可控	全部资金	买权最大风险为期初权利金，卖权为无限风险敞口	易爆仓，全部本金甚至穿仓
到期日	合约约定	无，除非退市	合约约定	合约约定
平仓时间	T+N(N ≥ 1)以券商为准	T+1	T+0	T+0

第二章　场外期权的简介与功能

一、场外期权的简介

1. 场外期权的基本定义

场外期权（Over the Counter Options，OTC options），又译作“店头市场期权”或“柜台式期权”，是指在非集中性的交易场所进行的非标准化的金融期权合约的交易。场外期权的条款不受限制，可以根据投资者的需要自行设计相应的场外期权产品。因场外期权的买方需要规避信用风险，卖方一般来讲是资本充足的金融机构。

期权是一种合约，赋予持有人在某一特定日期或者该日之前的任何时间以固定的价格购买或售出一种资产的权利。期权市场分为场内交易市场和场外交易市场，两个市场都是全球风险管理的重要组成部分。

场外期权是在非集中性的交易场所进行的非标准化的金融期权合约，是根据场外双方的洽谈，或者中间商的撮合，按照双方需求自行制定交易的金融衍生品。

场外期权性质基本上与交易所内进行的期权交易差别不大，二者最根本的区别在于期权合约是否标准化。

场内期权是在交易所交易的标准化合约，通过清算机构进行集中清算。场外期权是根据客户的需求设计，是个性化的，更加灵活，虽然没有统一的挂牌和指令规则，但其在交易量和交易额上占据明显的优势。

2. 场外期权的基本要素

场外期权基本要素由五部分构成。

第一，标的资产，是指期权合约中约定的标的物，可以是大宗商品、股票、利率、汇率等。做场外期权的第一步，就是挑选标的资产，判断标的资产的大致走势，再进行后续的投资计划。

第二，执行价格，是指约定的买卖标的资产的价格，俗称行权价。这个执行价格由期权结构决定，根据投资计划选择合适的期权结构，例如，平值看涨结构的行权价即买入价，105 看涨结构执行价格则会高 5%。

第三，名义金额，是指期权合约对应的资金规模。目前大部分卖方机构要求 100 万名义本金起，但也有部分卖方机构要求 300 万起，大宗商品为 200 万起点。

第四，到期日，就是期权的有效期限。期权到期日通常有 1、2 和 3 个月的报价，也可以询 6、9 和 12 个月的报价，部分卖方机构可 T+1 行权（包括期货风险子公司），大部分券商为 T+5 才可行权。

第五，期权费，是指买方支付给期权卖方的费用，又称权利金。期权费由市场情绪、标的资产波动率、到期时间和结构等决定。通常市场情绪越好、资产波动率越大、到期时间越长，则期权费越高。

二、场外期权的功能

1. 市场角度

1.1 完善市场结构，提高市场活跃度

场外期权的推行丰富了市场的产品结构，满足了市场各类投资者的多样化需求。场外期权的交易特点与场内期权类似，但是场内期权会受到标的物、期限的制约而影响其与现有产品的结合。

场外期权可以实现与其他产品的结合，从而改善理财产品的收益特征，形成产品之间协同发展的格局。例如，在保本型理财产品中，期权的保险作用可以在原有的条件下，降低产品在固定收益资产权重的限制，释放更多的空间给高收益的权益类资产，从而提高产品的收益率。场外期权的一个重要应用就是结构化产品。

1.2 优化资产配置，提高标的成交量

期权的非线性损益特征使其可以构造出多种组合，因此场外期权的应用产生了更加丰富的投资策略，从而有助于优

化资产配置，降低投资组合的波动性。部分场外期权采用实物交割，因此会加大对标的物的需求，从而对标的价格产生积极的刺激作用，提升交易量。

2. 参与者角度

2.1 拓展发行方的盈利模式，增加利润来源

场外期权的发行方可以根据客户对风险、收益的偏好程度，设计出“私人订制”的场外期权产品，拓展公司的盈利模式，摆脱传统业务对于市场行情等因素的依赖，提高自身服务水平、定价和做市能力，增加利润来源。

2.2 满足投资者多样化需求，降低投资成本

因为场外期权的非标准化特性，场外期权的发行方可以根据投资者的需求而专门设计产品，用于满足投资者套期保值、套利、对冲、投机等需求。与期货的套期保值操作相比，当市场行情朝着现货有利的方向发展时，期货部分的损失会大幅降低现货部分的盈利。而场外期权损失的只是少量的期权费，而且期货的操作要求对进出场时点、仓位管理有精准的投资判断。一旦操作失误，将会造成严重的亏损，场外期

权则比较简单，到期选择是否行权即可，对于想将更多精力放在实体经营的企业或者投资专业能力不强的企业来说，选择场外期权进行套期保值更加合适。

期权具有高杠杆特性，相比于配资产品和融资融券，场外期权的杠杆更高，约 5 ~ 20 倍的杠杆，资金占用比例较低。而且利用期权之间的相互组合，能够在实现投资目的的同时，通过大规模交易来降低成本。

第三章　场外期权特性与应用

一、场外期权的特性

1. 保险属性

1.1 保险起源

海上保险是一切保险的起源。约公元前 2000 年，地中海一带就有了广泛的海上贸易活动，由于缺乏现代的侦察技术，船舶在海上航行极易遇到风暴风险，为了保障货船和船员的安全，最有效的解救方法就是抛弃船上一部分货物，以减轻船舶的载重量，但是货物被弃船的货主的损失该由谁承担呢？

于是到了公元前916年，在《罗地安海商法》中正式规定：为了全体利益而抛弃船上货物，其损失由全体受益方来分摊。具体实施为：在航海出发前，每个货主要交一笔钱，成立风险基金，在货船遇到风险的时候，可以很快决定扔掉一部分货物，在货船安全抵达目的地后，被扔掉货物的货主们可以分摊大家筹集的风险基金以补偿他们的损失。

1.2 保险功能

组织经济金补偿功能。从经济角度来看，最初期的保险是一种损失分摊方式。以多数单位和个人缴纳保费建立保险基金，使少数成员的损失由全体被保险人分担，这就是保险的第一大功能——组织经济金补偿功能。

融资功能。风险基金不断累积后规模逐渐庞大，如果闲置则是资源的浪费，于是保险逐渐诞生出第二大功能——融资功能，将保险资金闲置部分再投入到社会再生产过程中。为了使保险业务经营稳定，保险公司必须使用保险资金以保证保险资金的增值和保值。

1.3 场外期权的保险属性

对于购买期权的投资者来说，期权费相当于付给交易商的一笔保险费，投资者获得了未来以某种标的资产的价格要求交易商赔付的权利。一旦标的资产的价格超过了约定价格，投资者可要求交易商按约定赔付，这就体现了保险组织经济金补偿的功能；如果未来标的资产的价格没有达到约定价格，即未达到保险理赔标准，投资者仅以期权费为限承担损失。

对于交易商来说，为了保障场外期权业务的稳定经营，就必须使用期权资金以增值和保值，这也体现了保险的融资功能。

2. 彩票属性

2.1 彩票起源

彩票的产生可以追溯到两千多年前的古罗马帝国时代。当时古罗马有一种风俗习惯，在马戏结束后，由国王向观众席抛掷陶瓷等物品，接到物品的人即等于得到了奖品。后来，罗马商人通过游戏推销商品，类似于今天的有奖销售。当时的国王将这种游戏筹集的资金用于修建罗马公共设施，这就是彩票的雏形。还有一种说法认为彩票是中国人发明的，起源于两千多年以前的周朝。

近现代意义的彩票源于西班牙，15 世纪西班牙就在全国发行彩票。西班牙是世界上最早的老牌帝国主义国家之一，后来，由于帝国慢慢衰落，财政出现入不敷出的局面。为了填补国库的空虚，西班牙除了强化各种税收外，还首创发行彩票以敛聚巨额资金。

2.2 彩票特点

彩票是一种满足人们以小博大特殊心理需求的游戏产品。彩票活动源于游戏，但作为游戏的延伸，彩票把侥幸、冒险、竞争、投机、娱乐等影响人们心理需求的各种因素结合在一起，增加了游戏的特殊魅力，符合人们以小博大的博弈心理。

彩票是一种靠低门槛、随机性和公平性吸引人们参与的游戏活动。彩票游戏进入门槛低，参与容易，具有广泛的群众基础和社会基础，但一旦中奖又可获得丰厚的回报，而且游戏结果不由任何人为力量控制，完全由游戏随机性决定。正是这种人人参与的公平性和人人有份的动力机制，满足了人们参与机会利益追求的行为动因。

2.3 场外期权的彩票属性

对于投资者而言，仅需付出期权费即可参与全部名义本金对应的标的资产涨幅，一百万元名义本金的期权费往往只有几万元至十几万元，就像彩票一样利用场外期权可以以小博大、发挥“四两拨千斤”的效果。

但是场外期权又与彩票有所区别。一是彩票标的的选择是随机的，而场外期权的标的则是投资者根据自己的逻辑判断选择的具体个股、商品、指数等，标的价格的涨跌取决于场内价格的波动，是有根据的；二是彩票购买者没有主动权，一旦官方公布结果只有中奖与没中奖两种结果，而期权是一个时间段内的权利，只要在期限内，投资者可以根据当时的标的价格自己决定行权的时间点，投资者要考虑的是何时行权才能保证利益最大化。

二、场外期权的应用

期权因其本身自带杠杆的特性，满足了部分投资者“以小博大”的需求。但不同于融资融券、分级基金等，期权的杠杆有些不一样。个股场外期权的投资者仅需要付出少量的权利金就可以获得更大金额的股票市值。本质上股票配资和个股场外期权都是加大杠杆，扩展资金。但个股场外期权的杠杆更大，风险相对更低。

与买入股票、配资对比如下。

假设客户想投资某只股票 100 万元一个月，目前有三种投资方法：

一是投资 100 万元买入这只股票；

二是投入 20 万元，配资 80 万元，总计 100 万元买入这只股票，假设配资利息 2%，月息计 16000 元（不合法，不要参与，只是举例）；

三是投资 5 万元买入这只股票一个月的看涨期权，假设该股票一个月的期权费为 5%。

个股期权、股票、配资三种方式下的盈亏情况，如表 3–1 所示。

表 3–1　个股期权、股票、配资三种方式下的盈亏情况

		个股期权		股票账户		配资 (1：4)	
投入资金		5 万元 (低)		100 万元 (高)		20 万元 +80 万元配资 (中)	
交易成本 (费用)		5 万元期权费 (高)		手续费 0.02% 印花税 0.1%(低)		1.6 万元 (月息 2%) 配资利息 (中)	
涨跌幅		盈亏	盈亏比例	盈亏	盈亏比例	盈亏	盈亏比例
上涨行情	10%	10−5=5 万元	100%	10 万元	10%	10−1.6=8.4 万元	8.4/20=42%
	20%	20−5=15 万元	300%	20 万元	20%	20−1.6=18.4 万元	18.4/20=92%
	50%	50−5=45 万元	900%	50 万元	50%	50−1.6=48.4 万元	48.4/20=242%
下跌行情	−10%	−5 万元	−100%	−10 万元	−10%	−10 万元	−50%
	−20%	−5 万元	−100%	−20 万元	−20%	−20 万元	−100%
	−50%	−5 万元	−100%	−50 万元	−50%	–	–
特点		亏损有限，收益可观		收益低，亏损金额较大		高杠杆收益，高杠杆风险	

从表中对比可以看出，用场外期权作为股票投资工具，相对于其他两种方式，具有杠杆大、成本小和风险可控等好处。当然，场外期权因为结构多样，还具有其他的好处，具体可总结为以下几点。

1. 具有杠杆，放大收益

场外期权香草看涨期权通常拥有较大的杠杆。例如，很多标的一个月平值看涨合约，期权费大概 5%，相当于 5 万元就能撬动 100 万元的资金，杠杆达到 20 倍。上涨 10%，就能赚取翻倍的收益。如果市场下跌到位，运用场外期权进行抄底，能够赚取更多的收益。

2. 风险可控，亏损有限

因为场外期权是权利金制度，买方付出期权费享有权利，当股票上涨时可以选择权利兑现收益，当股票下跌时可以放弃权利，最大亏损为期权费，不存在爆仓等风险不可控的情况。如果抄底失败，买入的股票继续下跌，哪怕暴雷连续跌停，承受的最大亏损也仅为期权费，损失相对有限。

3. 不怕震荡，应对深V

底部的股票往往走势复杂多变，很多股票启动前会进行强烈的震荡洗盘，深 V 走势是股市的常见行情。在这种情况下，投资者往往追高买在山顶，割肉卖在谷底，割肉后就会非常懊恼。

场外期权投资是投资在未来一段期限内买卖的权利。只要时间未到期，无论期权挂钩的股票跌幅多大，期权合约持续生效，最大亏损为期权费；只要在约定时间期限内反弹上涨，仍可获得相应收益。

4. 结构多样，不涨也能赚

大部分投资者购买股票只能等待股价上涨，或者长期持股等待分红，才能赚取收益，赚钱方式相对较为有限。场外期权作为新型的投资工具，是金融市场的重要组织部分，在股票大涨情况下，运用其杠杆性能放大投资收益；在股票不大跌的情况下，可以运用雪球结构，赚取稳定的票息，对于目前已经跌幅较大的股票，运用个股雪球投资，也是非常不错的选择；另外，部分券商开始推出看跌期权，部分标的继续下跌依旧可以运用场外期权赚取收益。

期权作为杠杆载体的成本更低，无论通过何种渠道放杠杆，投资者始终面临着利率成本的问题，期权由于定价中采用的是无风险利率，在提供杠杆功能的同时，能让投资者获取一般情况下难以得到的最低融资成本。

由于场外期权本身具备的特点，不管是出于产品设计的需要，还是风险对冲的需要，都可以作为资管产品中能加以灵活运用的一个有力工具。对于场外期权的运用，主要集中在产品设计和风险对冲两个方面。

（1）产品设计：以小博大博取更大收益，发挥资产配置的作用。

在对标的资产的走势或波动有明确的看法时，相较于直接配置标的资产现货，通过场外期权来参与投资，具备诸多好处。一方面，期权具备杠杆属性，杠杆倍数可以达到10 ~ 50倍，对于资金的占用较少，以不超过1%的期权费即可获得30% ~ 40%的参与率，发挥着资产配置的作用，余下部分的资金可用于配置固定收益类资产，为投资组合实现更多的保底收益。另一方面，由于期权的买方仅以期权费为限承担有限损失，这部分损失可以通过固收端的收益弥补，即使在未成功行权的情况下，投资组合的收益率仍有一定保障。

（2）风险对冲：对冲权益市场极端下跌风险，同时保留市场上涨的弹性收益空间。

由于场外期权本身具备的非线性收益结构，在存在权益多头仓位的产品中，通过引入场外期权工具，可以有效对冲权益市场极端下跌风险（前提是拟对冲资产与挂钩标的之间具备较强的相关性）。与此同时，权益市场上涨时，还可以完全保留权益多头的进攻空间，博取权益市场上涨带来的收益。

投资者进行期权交易是主动管理投资风险。比如，投资者觉得真正风险是下跌 10% 以后，大趋势会形成更大规模下跌，跌幅甚至超过 30% ~ 50%。那就可以通过期权保护下跌超过 10% 的部分，实现把风险控制在一定小范围内的目的。

场外期权可达到一个成本核算以及风险管理的效果，所以通过期权结构设计，可有效降低风险管理费用，对金融工具匮乏的中国市场来说，从设计结构上降低成本极其重要。在国外，期权作为投资重要工具，深受大型公募和私募机构客户的喜爱，无论是投资组合的优化，还是收益的增强都发挥着很大作用。

第四章　如何挑选投资标的

确定期权合约的挂钩标的是期权投资的第一步，可选范围包括大宗商品、股票、利率、汇率等，根据期权投资的目的和属性，判断标的资产的可能发生的情况，选择合适的策略进行投资。目前市场上，大宗商品、利率和汇率主要用于风险对冲，而股票因为受到更多的投资者关注，在场外期权中受众更多、运用更广，具体标的物也更丰富，可挑选范围更大。

从证券公司场外期权挂钩的个股标的情况来看，目前都是交易所发布的融资融券标的，卖方机构主要推出合约以看涨期权为主，部分机构逐步推出看跌期权，但总体数量十分有限。因此，标的选择总体仍以看涨思路为主。

一、从基本面选择投资标的

公司基本面的研究本质上是对公司实际价值的衡量，价格围绕价值波动。当价格低于价值，即公司股票处于低估状态时，因为价值回归需要，具体会表现为股价的上涨。那么我们从基本面进行标的选择时，挖掘出低估的公司，或者未来存在低估可能的公司，等待价格回升到实际价值，从而获得相应的价差。

狭义的基本面研究是对公司本身财务数据进行分析，其中包括资产负债表、现金流量表和利润表等；广义的基本面分析还包括公司所在的行业，行业在社会发展中的趋势，该行业在宏观经济中的地位。静态的基本面研究是对现有或者过往的公司财务报表进行分析，动态的基本面研究还包括对公司产品动态价格变化，项目运营进展等情况进行分析。期权投资是付出权利金，获取一定时间内权利的投资，对时间价值有严格考量。因此，在挑选投资标的时，主要以动态分析法获取相应的价差。

1. 从时代变革中考量公司基本面

没有永恒的牛股，只有时代的牛股。任何伟大的公司都是时代的产物，这些伟大的公司往往具有千百亿元甚至上万亿元的市值，但它们也都是由中小公司逐步发展壮大的，这些公司具备一些共同的特点，或是对整个人类带来影响，或是使国家发展进步，或是给社会带来便捷。公司或行业处于这样的潮流中，往往具备非常大的投资价值。

2020 年 9 月 22 日，中国政府在第七十五届联合国大会上提出："中国将提高国家自主贡献力度，采取更加有力的政策和措施，二氧化碳排放力争于 2030 年前达到峰值，努力争取 2060 年前实现碳中和。"2021 年 3 月 5 日，国务院政府工作报告指出，扎实做好碳达峰、碳中和各项工作，制订 2030 年前碳排放达峰行动方案，优化产业结构和能源结构。

在国家大力发展碳中和国策的背景下，相关产业链诞生了很多牛股，新能源动力系统全球第一的宁德时代，2019 年 12 月开始启动上涨，公司市值从 1500 亿元一度涨至 16000 多亿元，市值一度赶超贵州茅台，到 2021 年 12 月完成两年十倍的壮举。

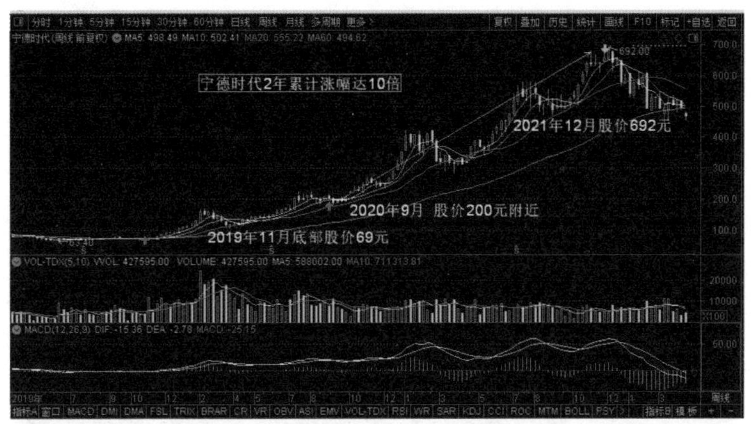

图4-1　宁德时代周K线走势图

2. 从行业发展中考量公司基本面

离开行业研究公司，就像脱离集体谈个人，大部分都是没有意义的，个人只有放在集体中才能更好地了解他的属性，更好地辨别他的未来和前景。投资公司注重行业研究，先挑选好的行业，在行业中挑选好的公司，这样的逻辑才更加科学。每个行业都有其发展规律，都会有由成长到衰退的过程，在这之中曲折发展，最典型的就是周期行业，寻找或把握行业拐点，往往能轻松获得超额收益。

2020 年全球新冠肺炎疫情暴发，美联储开始实行无限

QE，各国也相继实施宽松的货币政策，加之各生产和运输环节受疫情影响，以原油和铁矿石为主的大宗商品，迎来了行业拐点，相关公司基本面大幅改善，煤炭钢铁有色和化工等行业都走出了不错行情。

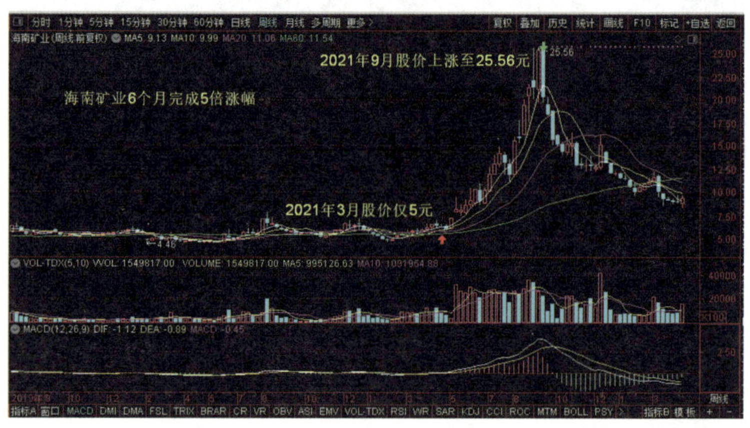

图4-2　海南矿业周K线走势图

海南矿业通过石碌铁矿分公司从事铁矿石采选、加工及销售业务，所开采的铁矿位于海南省昌江县石碌镇。该矿山曾凭借其丰富的资源和较高品位，被誉为“亚洲第一富铁矿”。石碌矿区保有工业铁矿石资源储量 2.38 亿吨。我国铁矿石平均品位约为 30% ~ 35%，该公司旗下石碌矿区铁矿石平均品位可达 46.26%。受益于国际铁矿石持续涨价，铁矿石相关公司迎来资金青睐，海南矿业完成了半年5倍的涨幅。

养猪行业具有非常明显的周期性，2018年暴发非洲猪瘟，叠加环保收紧助推，猪价一路上涨，随后两年猪价维持高位震荡，相关上市公司利润大增，就连房产大户万科也扬言要养猪，养猪行业中不断诞生牛股。

新五丰作为湖南生猪养殖龙头，是国内第一家上市生猪养殖企业，背靠湖南省国资委。成立20余年来，新五丰一直从事生猪养殖业务，其中包括供应我国港、澳地区活大猪业务，2008年开始外销转内销。2018年受非洲猪瘟影响，整个养猪行业规模大大收缩，新五丰股价2019年3月开始上涨，三个月内涨幅达到5倍。

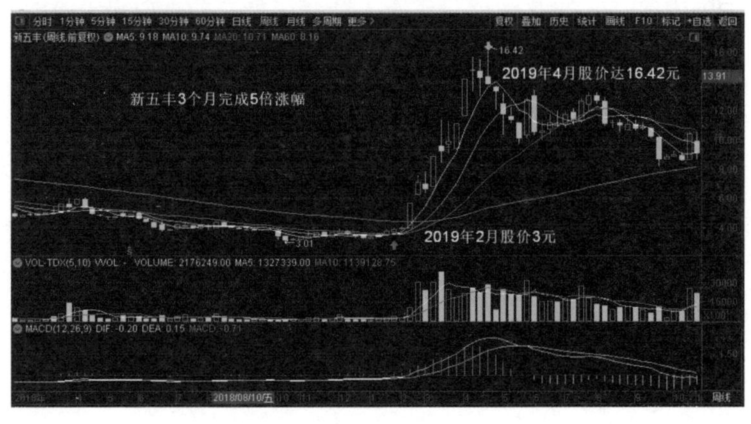

图4-3　新五丰周K线走势图

3. 从公司经营中考量公司基本面

上市公司的财务数据通常每季度发布，基本面数据绝大多数时间都是固定的，公司股价正常来说已经是合理定价，那么静态的分析对于期权投资并不太合适。期权投资更多选择动态分析法，从横向和纵向考量公司基本面。横向与行业中平均水平和最高水平对比，看定价是否合理；纵向挖掘公司是否存在新的利润增长点，以及新增利润点对公司的实际影响。

回首 2021 年的妖股之一联创股份，从 2018 年至 2020 年净利润复合增长来看，业绩烂得无话可说，净利润复合增长为 –94.07%，最高为 2020 年的 –8738.32 万元。但公司作为国内 PVDF 的龙头企业，能生产壁垒最高的锂电极 PVDF，并规划新增产能上线。随着新能源产业的大力发展，PVDF 供应十分紧张导致价格上涨，投资者对于该公司未来业绩改善有强烈预期，并对公司的估值也有很大的提升。因此，联创股份在这样的背景下从 2021 年 7 月至 9 月，两个多月的时间，股价涨幅达 10 倍。

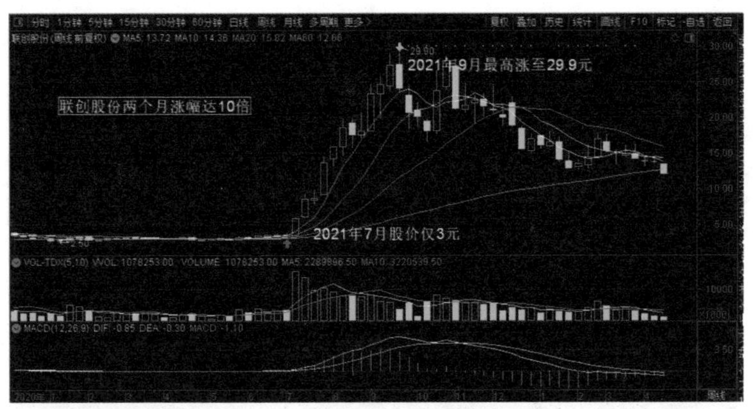

图4-4　联创股份周K线走势图

同样业绩亏损累累的天齐锂业，虽深受财务危机的困扰，但与其他很多锂矿上市公司一样，家里有矿就不用担心业绩，甚至很多公司的矿产都还没有开始采掘，也就并没有产生实际利润，公司的股价根据市场定价会回归实际价值，对比同行业相关公司赣锋锂业，该公司的矿产资源和公司的市值不匹配，股价处于被低估状态。2021 年 4 月至 9 月，天齐锂业完成了 4 倍的涨幅。

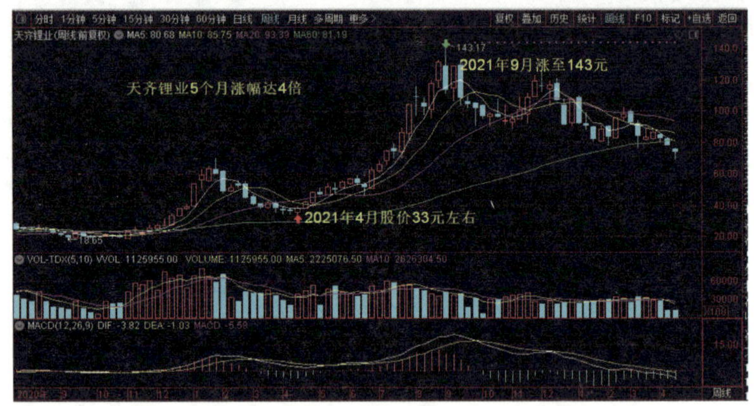

图4-5　天齐锂业周K线走势图

二、从技术面选择投资标的

很多投资者做技术分析，讲的是历史规律的研究，大多是各种技术指标的解读，包括K线、均线、KDJ、MACD等，这些都是表象，只讲其然不知其所以然，对于其深层次的东西并没有去考究，在日常实操过程中也经常不明不白地被左右打脸。

投资是社会的产物，投资的业绩是社会中人行为的结果，技术分析的根本应该是对人性的分析，每一个指标都有其根本的含义。比如，5日均线的含义是代表近5天持股者的平均成本，为什么说均线金叉上涨概率大？结合本质从人性的角度分析，平均持股 5 日和 10 日代表最激进的短线投资者，20 日和 30 日代表中线投资者，60 日代表稳定的长线投资者，均线金叉表现出均线密集并往上拐头。其深层含义是所有投资者成本一致并且都处于刚开始盈利阶段，大家情绪稳定，目标一致，抛压就会很小，股价往往容易受合力上涨。

我们做期权投资，通过技术面选择标的时，一定要透过现象看本质，结合标的本身特性，分析标的中投资者的情绪，因为期权的时间价值属性，决定我们尽可能做锦上添花，顺势而为，不做雪中送炭的投资者。

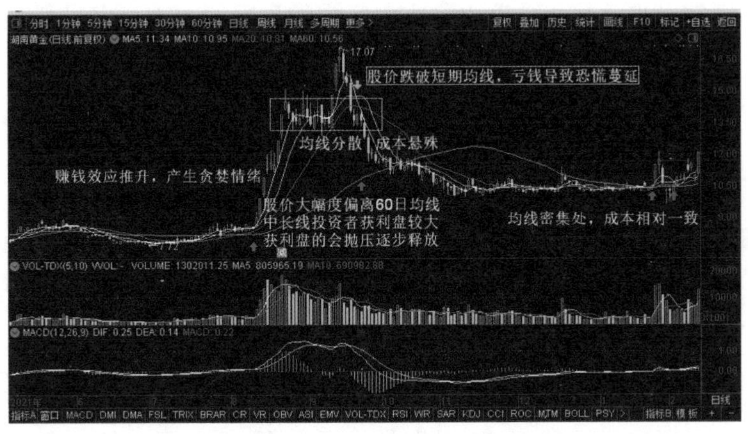

图4-6　技术分析示范图

1. 股性分析

股票市场由人组成，所以它和人一样都有自己的性格，我们称之为股性。我们做技术分析时，要分析股票的性格和所处阶段，知己知彼百战百胜，对股票的性格了解清楚了，投资自然而然就容易了。

市场可划分为三种状态，上涨、下跌和震荡。用汽车来举例，股票的三种状态对应汽车状态为开车、倒车和停车三种状态。我们要坐上主力的豪车往前走，倒车情况下尽量不要上车，而刚加完油要启动时，往往是最好的上车点。

股票具备一些共性的特点，下跌的股票K线中通常出现连续的阴线，而上涨的会出现阳线多于阴线，强势的股票会经常出现涨停板，这也是主力实力的显现，主力实力强则股性强，所以我们选择期权投资标的时，尽量选择阳线多阴线少，并且前期经常出现涨停板的标的，选择与好人同行，与强者为伍。跑车动力强劲，后程加速依然有爆发力，而卡车再快也很难达到200码，所以我们要尽量选择坐豪车，而豪车往往需要更大的排量，这就需要成交量不断地放大，从而不断为股价的推升提供动力。

东方通信2018年10月开始连续出现小阳线，在10月19日至11月19日22个交易日中出现18根阳K线，仅出现 4 根阴 K 线，11 月 26 日至 28 日连续三日放量涨停，成交量维持高位，经过强势洗盘吸筹后，股价重回涨势至 2019 年 4 月，涨幅超过 10 倍。

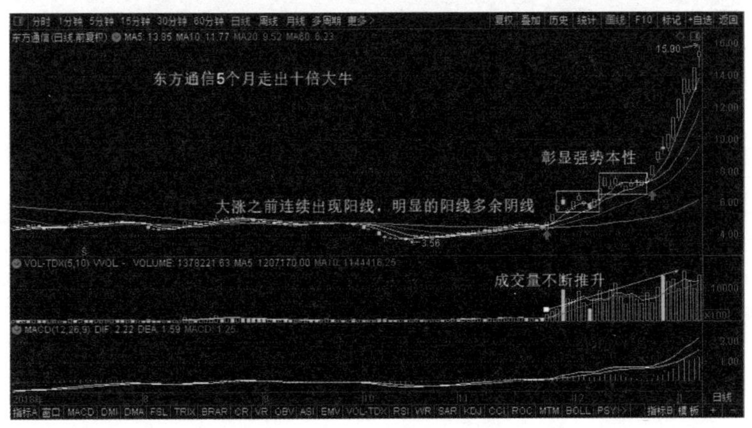

图4-7　东方通信日K线图

2. 情绪分析

股票的涨跌是投资者买卖的结果，而促使这种买卖的更多是投资者的情绪，或是因为投资者恐惧卖出导致股票的连续下跌，或是投资者的贪婪买入导致股票的连续上涨，或是投资者犹豫不决或观点不一致而使股票徘徊震荡。

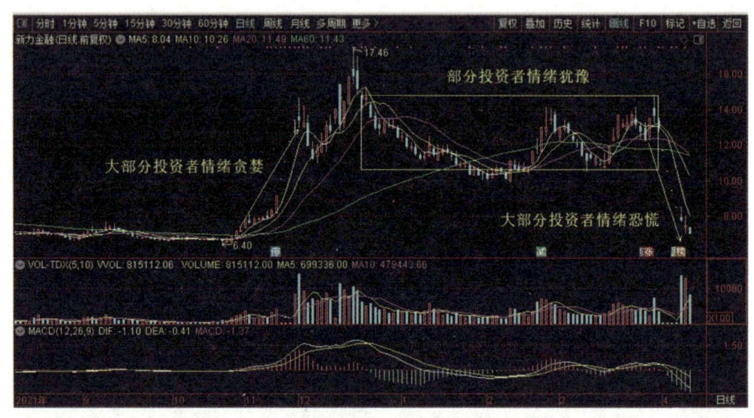

图4-8 新力金融日K线情绪分析图

技术分析更重要的是对股票中各方情绪的分析，恐慌是投资者大幅亏损过度悲观导致，贪婪则是投资者盈利后过度乐观导致，恐慌往往需要一定的时间来消化。因此，期权投资时避免选择恐慌情绪多的标的，应选择持股情绪稳定、赚钱效应有可能持续推升甚至产生贪婪的标的。

通过均线和量价分析可以很好地进行情绪分析，均线空头排列，股价一路下跌，可以看出投资者都处于亏损状态，情绪相对焦虑，甚至还时不时地出现恐慌情绪，表现为放量下跌。恐慌过后又会有抄底资金入场，抄底投资者情绪乐观，推动股价回升。股价一旦反弹到长期投资者平均持仓成本附近，通常是中长期均线价格，投资者就会解套卖出股票。

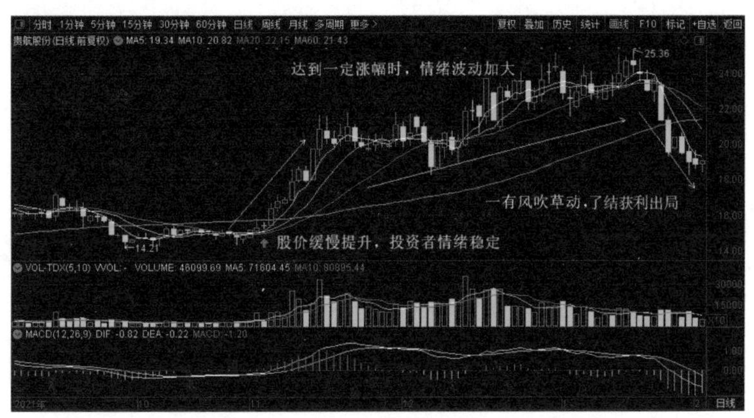

图4–9　贵航股份日K线情绪分析图

均线多头排列，股价缓慢上涨，可以看出投资者大多处于盈利状态，情绪相对稳定。尤其是上涨初期，均线刚金叉时，投资者步调一致，合力较强，股价逐步上涨，投资者逐步变得乐观甚至表现出贪婪。随着股价上涨到一定幅度，盈利较多的投资者开始止盈离场，出现较大的抛压，股价开始回落，导致新入场的投资者亏钱，从而情绪开始悲观甚至出现恐慌。持续的卖盘导致股价进一步下跌，股价一旦回落到长期投资者平均持仓成本，通常是中长期均线价格附近，投资者卖出股票的意愿就会衰减。

3. 趋势分析

前面已经分析了股票的三种状态：上涨、下跌和震荡，而大多数时间股票都处于下跌和震荡状态。我们通常说选股不如择时，择时不如顺势。虽然选择了一只好的股票，但买入时机不好，也很有可能赚不到钱，而一只震荡或者下跌的股票，在合适的时机买入也可以赚到钱，所以选择买入的时机非常重要，在一轮大的上涨趋势中，顺应趋势赚钱的概率会大大增加。

如果选择了一辆在高速公路上行驶的豪车，暂时的停车加油并不会影响快速到达目的地；如果选择的是倒车下坡的车，那么很有可能会久久都无法安全下车。我们做期权投资时，需要在一定时间内达到一定的涨幅才能获利，所以选股择时和顺势都非常重要，结合技术面分析能达到事半功倍的作用。通常在选择优质标的后，顺应股票上涨大势，等待小趋势回调，在平衡点买入，即顺大势逆小势，精准选择开仓点。

宁波华翔 2021 年 7 月至 2022 年 1 月，走出一波明显的上涨趋势，其间沿着 60 日均线波动上涨。在整个大趋势上涨的过程中，选择回调至 60 日均线的平衡点上车，每一小波上涨 20 个点左右，顺应大势投资屡试不爽。在长达 7 个

月的上涨之后，跌破上升趋势线，随后进入下降趋势。

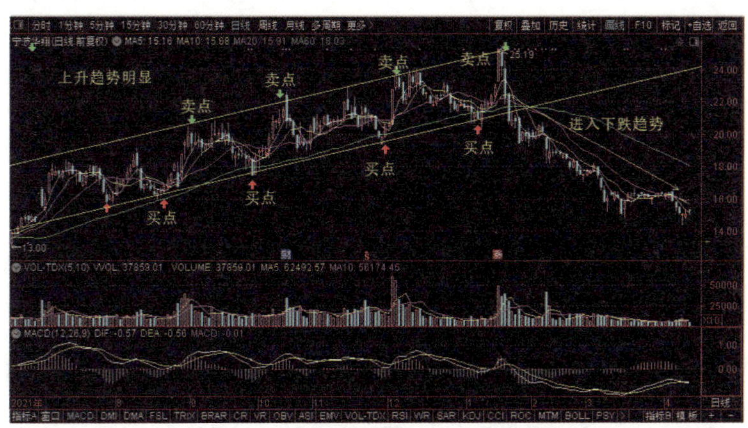

图4-10　宁波华翔日K线走势图

三、从消息面选择投资标的

从价格和价值的角度衡量，理论上成熟市场中定价合理，股票的内在价值与实际的价格是相对应的。但是公司突发的消息或者国家和行业相应的政策出台，往往会得到各大媒体平台的大肆渲染，各种机构分析师也会预测推算利好带来的价值增长，这些都会使投资者对公司的价值产生一定的预期。对公司或行业利好的政策和消息使投资者看高公司价值，从而不断加码买入，导致股价短期的上涨。

如果是国家高层的战略意志，则下属各部门会逐步出台具体的相关政策，重点扶持行业会受到实际利好，投资者的预期不断被提升，从而会导致股价短期大幅度上涨，加之情绪推升，赚钱效应进一步增强，会逐渐向相关的产业蔓延。

场外期权投资的最高境界是能衡量一定时间内，标的大概的涨跌幅和相应的概率，从而科学地选择合适的结构和期限，从中赢取尽可能多的收益。因此，深刻理解和运用消息面进行标的选择至关重要，消息面也是标的选择的主要参考因素之一。

1. 从消息层面判断行情的大小

释放消息的层级不一样，行情的大小强弱和持续性就不一样，释放消息的部门级别越高，引起的反响越大，行情也就越大，高级别的消息会逐步向下一级别细化，会制订出台具体的细则方案，从而持续性也会更久。

在消息公布之前，股价往往会事先有一定的反应，因为消息不可能完全闭塞，这并不影响后续投资者的追捧，层级越高，想象空间越大，追捧者更多，行情也越持久。国家级的利好消息往往持续一两个月甚至更久，省部级的消息大多持续一两周，行业或个股层面的利好最多几天就结束了。

2017 年 4 月，中共中央国务院决定在雄安设立国家级新区，这是国家作出的一项重大的历史性战略选择，是继深圳经济特区和上海浦东新区之后，新设的又一具有全国意义的新区，相关政策消息也陆续出台。随着媒体新闻的发酵，相关公司股价连续上涨，冀东装备 1 个月涨幅超 3 倍。

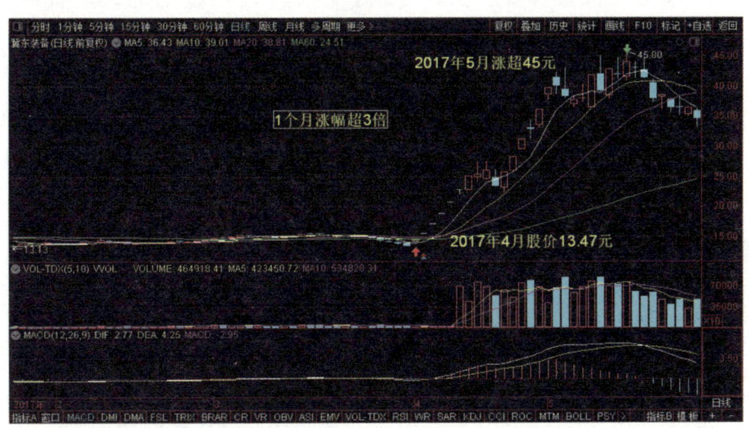

图4–11　冀东装备日K线走势图

2. 运用逻辑推理预判行业板块

国家级的政策推出往往比较宏大，最相关和最直接利好的公司会直接迎来一大波涨幅，当这些公司的预期逐步打满，股价上涨的幅度已经很大，市场便会出现较大的分歧，股价也难以继续上涨。这时候资金就会开始挖掘还处于低位的相关公司，政策消息也很有可能逐步向该行业各细分领域蔓延。对于第一波最相关的公司，期权投资往往不太好进行，因为人气和波动率的上涨，使得期权费大幅度增加，从而降低投资的收益风险比，最相关的公司甚至会连续一字板涨停，不给投资者上车的机会，那么我们运用逻辑推理进行一定的预判，是期权投资筛选标的很好的方法。

地产行业随着政策逐步改善，2022 年 3 月下旬开始，市场对房地产调控大范围宽松预期强烈，吸引大量资金流入拉高板块股价，其中走出不少牛股，其间房地产板块多次领涨 A 股。但许多高位的房地产个股并不好介入，低位的钢铁建材等个股开始出现轮动补涨，北新路桥受相关资金青睐，2 周左右上涨 78.6%。

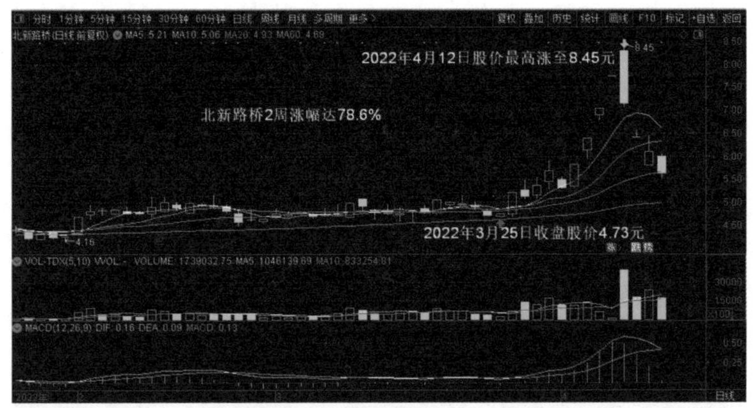

图4-12　北新路桥日K线走势图

3. 场外期权是消息面投资最好工具

信息差就是生长力，谁能够拥有信息优势，谁就能获得超额的收益。如果具有一定的信息优势，利用期权投资可以很好地在资本市场获利，因为期权投资具备很多特有的优势，正好可以弥补股票投资的一些不足，例如高杠杆性、隐蔽性等。因为期权投资与股价走势的非线性相关，只需要付出很小的成本就可以获取巨大收益，期权开仓、平仓对市场的影响也相对有限，相信在期权投资领域，会诞生越来越多的暴富神话。

2020 年 12 月，大豪科技筹划重大资产重组，拟发行股份购买消费类资产，拟向一轻控股发行股份购买其持有的资产管理公司 100% 股权，向京泰投资购买其持有的红星股份 45% 股份，向鸿运置业支付现金购买其持有的红星股份 1% 股份，并募集配套资金。公司获得新增长引擎，大豪科技股价持续上涨，一个月左右涨幅超 3 倍。

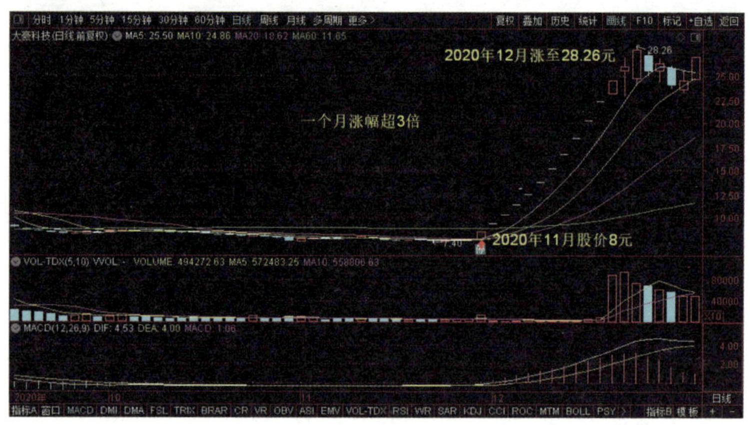

图4-13　大豪科技日K线走势图

第五章　投资期限与时机的选择

一、投资期限的选择

1. 理解期权的时间价值

时间价值又称外在价值，是指期权合约的购买者为购买期权，支付的权利金超过期权内在价值的那部分价值。时间价值来源于到期前的不确定价值。波动性越大，标的物价差越大，其内在价值变动的可能性越大。而期权盈亏非线性，亏损有限，而盈利无限，使得期权买方具有由时间价值带来的收益期望较高，而卖方需要承受时间价值带来的风险。

时间价值是期权交易上特有且相当重要的因子，期权费由内含价值和时间价值组成，内含价值不一定有，但时间价值任何合约都是具备的。只要合约没到期，就一定有不等量的时间价值存在，而这些时间价值就好像机会成本的概念。相信大家一定有这样的体验，到一些餐厅点好餐以后，服务员会给您一个沙漏，若沙漏里的沙子掉完还没上齐菜，表示餐馆服务不到位，就会有一定的补偿机制。场外期权一开仓就好像一个沙漏翻过来计时，选择合约的时间越长，获得的时间价值越大，付出的成本也就越高。

2. 选择合理的投资期限

平值和虚值期权合约中大部分价值属于时间价值，选择的投资期限越长，投资的不确定性越高，付出的时间成本越大，在标的和结构相同的条件下期权费越高；但如果选择的期限太短，又可能达不到预期的涨幅。因此，选择合适的投资期限至关重要，在合适的期限收获一定的涨幅，这样可以大大降低投资成本，在同等涨幅（或跌幅）的前提下，既可以降低投资风险，又可以加大投资回报率。

案例一

开仓情况：

标的：000630 铜陵有色

期限：6M

结构：平值看涨

权利金率：14.75%

开仓价格：4.35 元

执行价格：4.35 元

询价情况：

2021 年 9 月 9 日询价 1、2、3、6 个月平值报价如下。

表 5–1　铜陵有色报价表

证券代码	证券简称	1M	2M	3M	6M
000630.SZ	铜陵有色	7.25%	10.15%	11.98%	14.75%

复盘情况：

2021 年 9 月 9 日，4.35 元开仓买入 6 月平值结构铜陵有色，期权费 14.75%，行权价为 4.35 元，盈亏平衡点 4.99 元。2021 年 9 月 14 日，最高上涨至 5.72 元，区间涨幅达到 31.5%，假设行权盈利为 113%。2022 年 3 月 9 日合约到期，结算价低于开仓价，最终实际盈利情况亏损 100%。

对照推演：

2021 年 9 月 9 日，4.35 元开仓买入，1 个月平值看涨合约，期权费 7.25%，2021 年 9 月 14 日，最高上涨至 5.72 元，区间涨幅达到 31.5%，行权盈利可以达 334%。

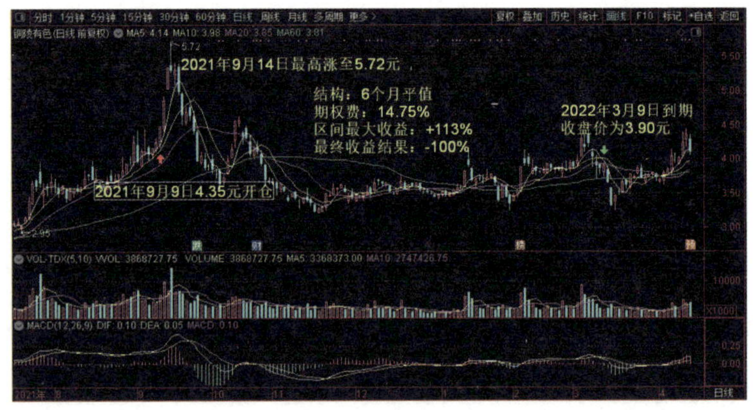

图5-1　铜陵有色日K线复盘图

案例二

开仓情况：

标的：600351 亚宝药业

期限：1M

结构：平值看涨

权利金率：5.41%

开仓价格：6.68 元

执行价格：6.68 元

询价情况：

2021 年 10 月 22 日询价 1、2、3、6 个月平值报价如下。

表 5-2　亚宝药业报价表

证券代码	证券简称	1M	2M	3M	6M
600351.SH	亚宝药业	5.41%	7.63%	10.43%	15.5%

复盘情况：

2021 年 10 月 22 日，6.68 元开仓买入 1 月平值结构亚宝药业，期权费 5.41%，行权价为 6.68 元，盈亏平衡点 7.04 元。2021 年 11 月 22 日合约到期，结算价低于开仓价，最终实际盈利情况亏损 100%。

对照推演：

2021 年 10 月 22 日，6.68 元开仓买入 3 个月平值看涨合约期权费 10.43%。2021 年 1 月 11 日，最高上涨至 11.90 元，区间涨幅达到 78.14%，行权盈利可以达 749%。

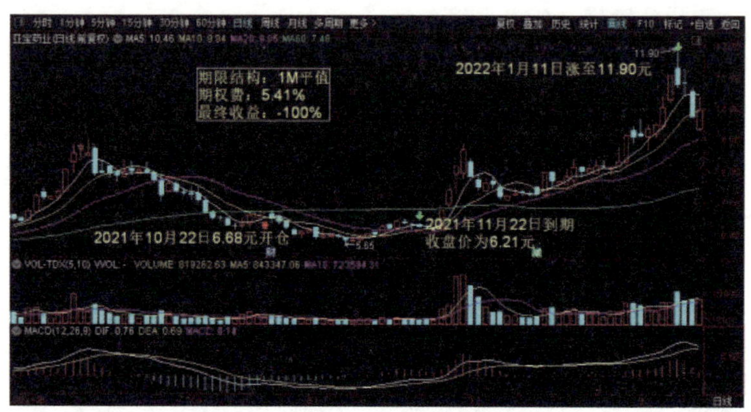

图5-2　亚宝药业日K线复盘图

从上面两个案例可以看出，选择合适的时间期限至关重要，期限既不能太长，也不能太短。选择期限合适的合约能降低投资风险，加大投资成功率，大大提高投资回报率。

3. 运用投资期限的组合

选择过长的投资期限容易导致时间价值浪费，选择太短的期限容易导致时间不够用，从而错过“美味佳肴”。在这种情况下，我们可以适当运用一些时间组合，假设投资者准备开仓某标的三个月的合约，可以先开仓两个月的合约，一个月以后再开仓两个月的合约，这样的好处是省掉了很大一部分时间价值。如果一个月以后该标的上涨了一定幅度，那么可以择机行权兑付收益，并择机再开两个月的合约，这样相当于股票做了一个波段，但比股票的波段收益多赚很多。如果一个月后该标的下跌了一定幅度，那么再开两个月的合约，相当于更低价格进行加仓，这也比股票加仓获得的价值大得多，原因是期权本身的高杠杆性。如果一个月以后股票没涨没跌，开仓买入两个月的期权合约，也节省了时间价值，同样有利于投资者。

案例三

开仓一

标的：002048 宁波华翔

期限：3M

结构：平值看涨

权利金率：9.90%

开仓价格：20.86 元

执行价格：20.86 元

询价情况：

2021 年 11 月 9 日询价 1、2、3、6 个月平值报价如下。

表 5-3 宁波华翔报价表

证券代码	证券简称	1M	2M	3M	6M
002048.SZ	宁波华翔	5.64%	7.94%	9.90%	15.32%

开仓二

标的：002048 宁波华翔

期限：1M

结构：平值看涨

权利金率：6.10%

开仓价格：19.60 元

执行价格：19.60 元

2021 年 11 月 30 日询价 1、2、3、6 个月平值报价如下。

表 5-4 宁波华翔报价表

证券代码	证券简称	1M	2M	3M	6M
002048.SZ	宁波华翔	6.10%	8.57%	10.66%	15.56%

复盘情况：

2021 年 11 月 9 日，20.86 元开仓买入 3 月平值看涨合约，期权费 9.90%。11 月 30 日，股价下跌回调至 60 日均线附近，19.6 元再次开仓买入 1 月平值看涨合约，期权费 6.10%。12 月 3 日，23.76 元行权 1 个月平值合约，区间涨幅 21.2%，投资收益 248%。2022 年 1 月 17 日，25.15 元行权 3 个月平值合约，区间涨幅 20.56%，投资收益 108%。

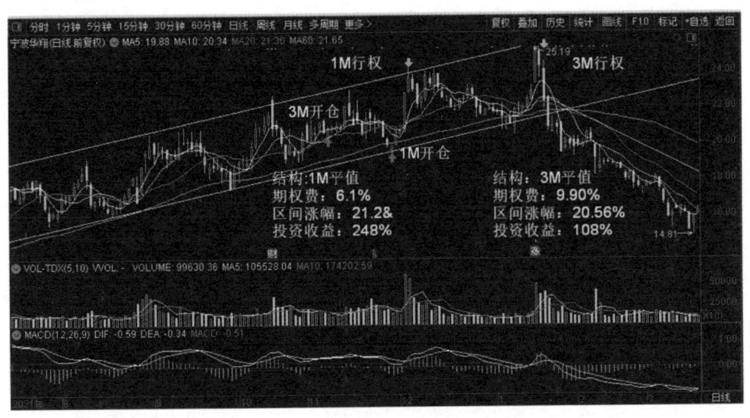

图5-3　宁波华翔日K线复盘图

从上面两个开仓的案例可以看出，运用投资期限组合，合适的时机新增开仓，能大大提高投资回报率。

二、开仓时机的选择

好的买点能够在较低位置进行建仓，并只需要付出较低的期权费，这不仅能大幅度降低投资的成本和风险，还能很好地提升投资的成功率和收益率，因此，买点的选择对于整个期权投资至关重要。如果有一个好的开仓点，就已经成功了一半。

那么怎么去判断一个买点是好的买点，从结果反推回来看很容易，赚最多钱的买点自然就是最好的买点。这还得回到期权投资的两个根本点，胜率和赔率的衡量，有这么几条重要参考标准：阶段价格低，上涨概率大，期权费率低，上涨空间大，并且上涨的时间还得合适。

1. 从成本优势考虑开仓点

好的买点是指买入的价格在相对低位，不一定是最低，但一定是相对合理的位置，尽量避免开仓在局部最高点。衡量的标准就离不开均价线，均价线从级别上可分为时均线、日均线、周均线、月均线等，做期权投资用得多的主要是这几个级别的均线，季度均线和年度均线很少用到，开仓期限一般不会那么长。

不管哪一级别的均线，就好像地球引力，远离均线就有磁力牵引，因此，我们结合均线选择买点时，价格应该尽量靠近或低于均线价格。可以归结为避虚就实：上涨趋势的股票价格尽量接近均价线，买在实处；而下跌或者横盘的股票价格尽量远离均价线，卖在空处。

案例四

开仓情况：

标的：600386 北巴传媒

期限：1M

结构：平值看涨

权利金率：5.54%

开仓价格：3.98 元

执行价格：3.98 元

询价情况：

2021 年 12 月 10 日询价 1、2、3、6 个月平值报价如下。

表 5–5　北巴传媒报价表

证券代码	证券简称	1M	2M	3M	6M
600386.SH	北巴传媒	5.54%	7.80%	9.88%	12.13%

复盘情况：

2021 年 12 月 10 日，3.98 元开仓买入 1 月平值结构北巴传媒，期权费 5.54%，行权价为 3.98 元，盈亏平衡点 4.20 元。2021 年 12 月 22 日，4.76 元行权，区间涨幅 19.6%，投资收益 254%。

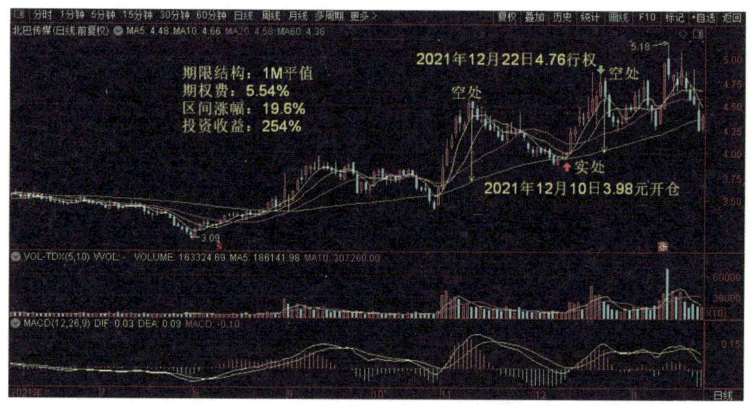

图5-4　北巴传媒日K线复盘图

从上面案例可以看出，当股价回调至 60 日均线附近，这时开仓期权合约，成本与中长期投资者相当，能有效降低投资风险，加大投资成功率。因此，一个合适的价格也能提高投资回报率。

2. 从投资情绪考虑开仓点

好的买点关键是在买入之后很快就能够开始上涨，尽可能减少下跌或横盘的时间，这样能够节省很多的时间价值，也就提高了投资的成功概率。买入之后能快速上涨，就要从情绪方面分析，如果这个标的投资者情绪不稳定，那么上涨需要的推动力或者资金更大，前面我们分析过结合均线走势分析投资者情绪。

年线一路下跌，股价在年线（60 周线）以下的标的，持股的投资者长期处于亏损状态，股价上涨到年线附近时，投资者大部分会减亏出局，形成较大的抛压。就像被长期囚禁的“犯人”，当打开牢门时，大部分“犯人”会选择离开。

上涨趋势的个股，投资者情绪往往比较稳定。就像刚刚加入队伍“打地主分田地”，大家有钱赚也有希望，情绪稳定向好，队伍一路高歌猛进。直到长期持股投资者盈利达到一定积累，兑现收益止盈离场，产生的抛压就会拖累股价的上涨，最终导致最激进的短期投资者也因为亏钱产生恐慌离场，这个过程会在上涨过程中多次循环。

案例五

开仓情况：

标的：603766 隆鑫通用

期限：1M

结构：平值看涨

权利金率：5.47%

开仓价格：4.56 元

执行价格：4.56 元

询价情况：

2021 年 11 月 5 日询价 1、2、3、6 个月平值报价如下。

表 5-6　隆鑫通用报价表

证券代码	证券简称	1M	2M	3M	6M
603766.SH	隆鑫通用	5.47%	7.71%	9.77%	14.84%

复盘情况：

2021 年 11 月 5 日，4.56 元开仓买入 1 月平值结构隆鑫通用，期权费 5.47%，行权价为 4.56 元，盈亏平衡点 4.81 元。2021 年 11 月 12 日，6.26 元行权，区间涨幅 37.28%，投资收益 582%。

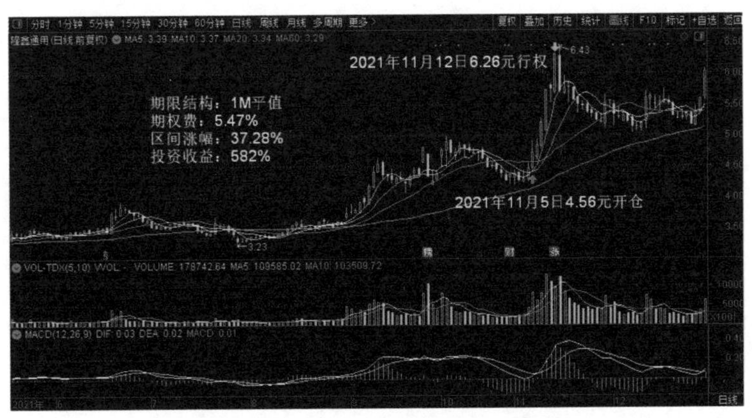

图5–5　隆鑫通用日K线复盘图

案例六

开仓情况：

标的：600031 三一重工

期限：3M

结构：平值看涨

权利金率：8.97%

开仓价格：24.67 元

执行价格：24.67 元

询价情况：

2021 年 10 月 21 日询价 1、2、3、6 个月平值报价如下。

表 5–7 三一重工报价表

证券代码	证券简称	1M	2M	3M	6M
600031.SH	三一重工	5.30%	7.47%	8.97%	11.93%

复盘情况：

2021 年 10 月 21 日，24.67 元开仓买入 3 月平值结构三一重工，期权费 8.97%，行权价为 24.67 元，盈亏平衡点 26.88 元，2022 年 1 月 21 日合约到期，结算价低于开仓价，最终实际盈利情况亏损 100%。

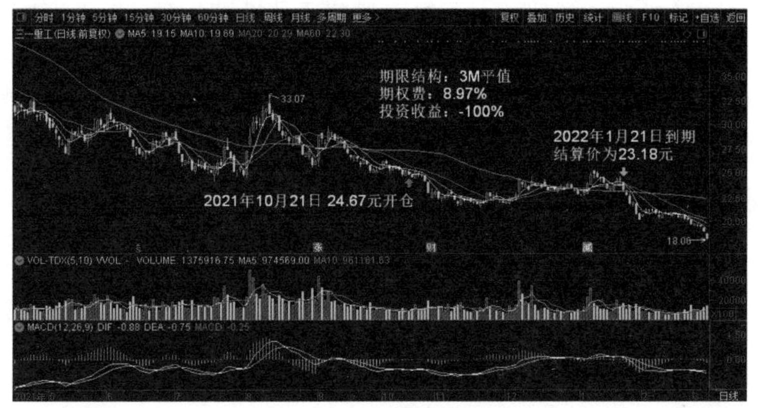

图5-6 三一重工日K线复盘图

从上面两个案例可以看出，选择趋势向上、稳步上涨的投资标的，其中的投资者情绪稳定，短期上涨的概率更大，从而期权投资的成功率会更大。相反，选择趋势向下的标的，其中套牢盘较多，短期上涨的难度更大，这样的投资需要慎重考虑。

3. 从收益风险比考虑开仓点

各方条件差不多的情况下，投资者希望以最低的期权费参与投资，这可以加大投资杠杆，降低投资失败带来的损失，从而获得更大的收益风险比。那么一个好的开仓点，往往具备不错的收益风险比，不管是对冲还是投机，都可以大大提高投资成功的概率。

标的期权费定价与时间期限和结构相关，在各因素相同的情况下，波动率和市场风格等因素也会影响标的期权合约的报价。高波动率往往伴随着高人气，大幅度上涨和下跌的概率都高，走势不确定性大，期权报价贵；低波动率没有很高关注点，大幅度上涨和下跌的概率都低，走势相对稳定，期权报价便宜。

波动率高低不是衡量买点好坏的因素，两者并无好坏之分，买点好坏取决于胜率和赔率的合理度分析。如果选择的投资系统中，对股票的上涨概率和幅度把握度都很高，只要胜率和赔率合理，期权费高的点位也是好的开仓点。如果股票上涨的概率和幅度都不高，那么期权费再低也不是好的开仓点。只是在相对可选范围区间内，可以尽可能选择低波动率区间，这往往也是多空相对平衡区间。

案例七

开仓情况：

标的：000681 视觉中国

期限：1M

结构：平值看涨

权利金率：7.88%

开仓价格：13.42 元

执行价格：13.42 元

询价情况：

2021 年 11 月 2 日询价 1、2、3、6 个月平值报价如下。

表 5–8　视觉中国报价表

证券代码	证券简称	1M	2M	3M	6M
000681.SZ	视觉中国	7.88%	11.01%	13.86%	17.57%

复盘情况：

2021 年 11 月 2 日，13.42 元开仓买入，1 月平值结构视觉中国，期权费 7.88%，行权价为 13.42 元，盈亏平衡点 14.48 元。2021 年 11 月 18 日，18.17 元行权，区间涨幅 35.4%，投资收益 349%。

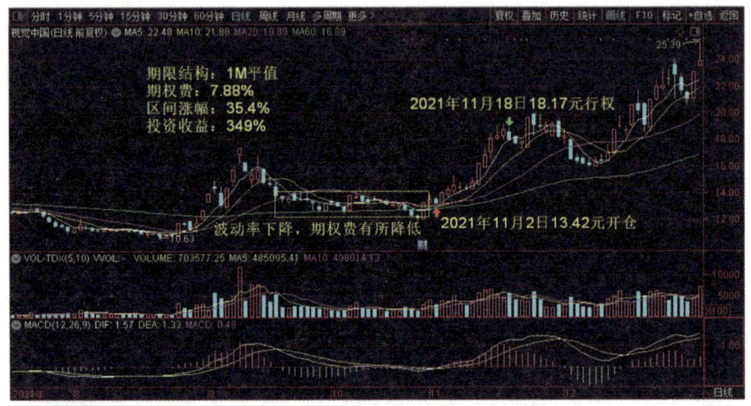

图5-7　视觉中国日K线复盘图

三、行权时机的选择

股票投资流行一句话：会买的是徒弟，会卖的才是师傅。而期权投资因为带有很高的杠杆，几个点的波动可能就会大幅度影响收益率，有时候收益是几倍的差距。选择好的投资标的，寻找好的买点，运用合理的结构，这些前期重点做的工作，都是为了在行权的时候获得更好的收益。如果行权的时候卖点没有把握好，那前期的工作都会功亏一篑，所以行权时机的选择至关重要。

股价的上涨大多数情况都是市场合力推动的结果，具体的涨幅是由市场多方面因素决定。需要综合判断分析，考虑市场大环境情况，结合所属板块的强度，以及个股具体走势的分析。当然也要参考最初的投资计划，价格是否到达预定止盈位置，还要结合期权合约的期限。如果所剩时间不多，也要考虑减亏止损行权，所以行权是技术难度非常大的操作环节。

1. 从大环境强弱考虑行权点

当各大指数稳步向上时，市场赚钱效应就会偏强，投资者情绪总体稳定乐观。这时候对于股价的预期也会加大，相应的期权投资盈利的预期也可以适当加大。如果合约剩余时间充足，行权价格也可以按照计划价格，甚至微高于计划执行。相反，如果市场总体弱势，赚钱效应一般，那么也得考虑降低盈利预期。如果合约剩余时间不多，哪怕盈利不多，甚至还有小幅度亏损，也要考虑行权止损。

案例八

开仓情况：

标的：603890 春秋电子

期限：1M

结构：平值看涨

权利金率：5.53%

开仓价格：12.73 元

执行价格：12.73 元

询价情况：

2021 年 12 月 28 日询价 1、2、3、6 个月平值报价如下。

表 5–9　春秋电子报价表

证券代码	证券简称	1M	2M	3M	6M
603890.SH	春秋电子	5.53%	7.78%	8.82%	12.77%

复盘情况：

2021 年 12 月 28 日，12.73 元开仓买入 1 月平值结构春秋电子，期权费 5.53%，行权价为 12.73 元，盈亏平衡点 13.43 元。2022 年 1 月 20 日，14.17 元选择行权，区间涨幅 11.3%，投资收益 104%。

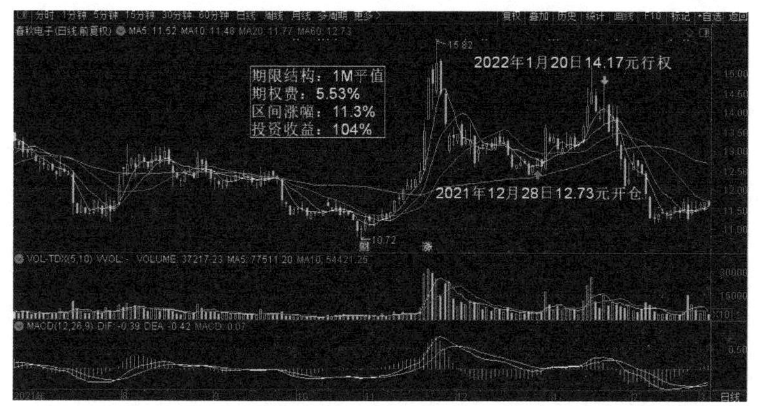

图5-8　春秋电子日K线复盘图

2. 从板块强弱考虑行权点

任何的个股都有板块属性，大部分股票走势都是跟随板块联动，板块强则个股也会相应地受到更多资金关注。如果板块中经常出现涨停个股，甚至出现连续涨停的妖股，那么赚钱效应很有可能会蔓延过来，盈利的预期则可以适当加大。因此，在价格到达一定位置时，考虑是否行权时，应该分析所属板块目前的强弱情况。

案例九

开仓情况：

标的：600366 宁波韵升

期限：2M

结构：平值看涨

权利金率：9.52%

开仓价格：11.06 元

执行价格：11.06 元

询价情况：

2021 年 11 月 8 日询价 1、2、3、6 个月平值报价如下。

表 5-10 宁波韵升报价表

证券代码	证券简称	1M	2M	3M	6M
600366.SH	宁波韵升	6.79%	9.52%	11.23%	14.77%

复盘情况：

2021 年 11 月 8 日，11.06 元开仓买入 2 月平值结构宁波韵升，期权费 9.52%，行权价为 11.06 元，盈亏平衡点 12.11 元。因为整个稀土板块回调力度较大，2022 年 1 月 20 日，

15.16元选择行权止盈，区间涨幅37.1%，投资收益289%。

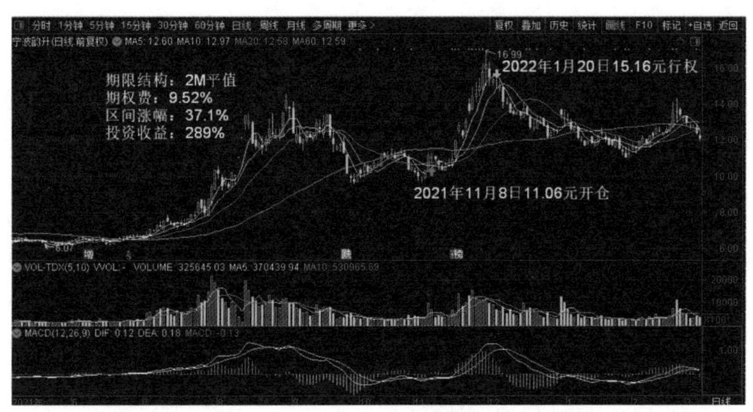

图5-9 宁波韵升日K线复盘图

3. 从标的自身考虑行权点

期货交易有一句名言：计划你的交易，交易你的计划。在期权投资更加适用，期权投资的因素更多，情况更复杂，杠杆倍数更高，风险更大。计划必须更加细致，开仓点、行权点和投资盈亏预期等一开始就要制定好，并按照计划严格执行。因此，行权点位在开仓之前就应该做到心中有数，这样预期的收益风险比就确定了，而这个点位也是根据股票自身的走势确定，按照计划点位实施止盈行权。

一定要避免无计划开仓，开仓前没有目标价，也就没法核算收益风险比，等待时间耗尽，这样的投资成功率是非常低的。好的期权投资计划不会等到最后几天才行权，会预留足够的空余时间做思考判断。相反，如果等到最后几天才行权，往往就会以失败告终。

案例十

开仓情况：

标的：002177 御银股份

期限：1M

结构：平值看涨

权利金率：5.45%

开仓价格：6.56 元

执行价格：6.56 元

询价情况：

2021 年 12 月 13 日询价 1、2、3、6 个月平值报价如下。

表 5-11　御银股份报价表

证券代码	证券简称	1M	2M	3M	6M
002177.SZ	御银股份	5.45%	7.68%	9.73%	13.83%

复盘情况：

2021 年 12 月 13 日，6.56 元开仓买入 1 月平值结构御银股份，期权费 5.45%，行权价为 6.56 元，盈亏平衡点 6.92 元，开仓前分析 9 元附近压力较大，计划 8.9 元附近行权。2022 年 1 月 7 日，8.88 元选择行权止盈，区间涨幅 35.4%，投资收益 549%。

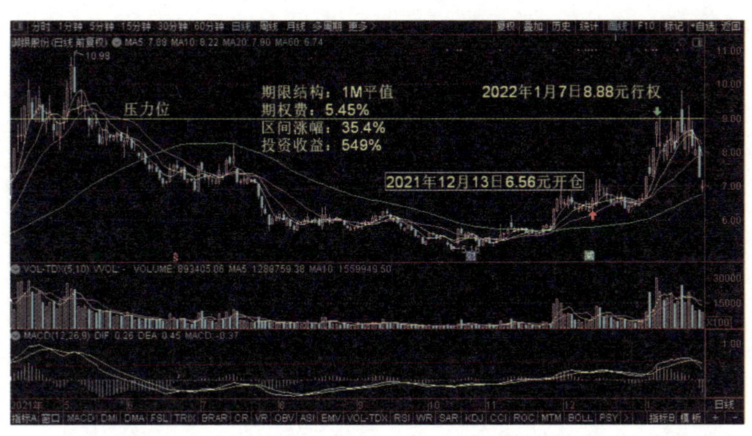

图5-10　御银股份日K线复盘图

第六章　投资结构的简介与应用

一、场外期权结构的简介

期权费由时间价值和内在价值组成，同一标的相同期限不同结构的合约，期权费相差很大。主要是因为合约内在价值不同，期权可分为虚值、平值和实值三种。虚值合约行权价高于开仓价，平值合约行权价等于开仓价，实值合约行权价低于开仓价。实值合约因为具有一定的内在价值，期权费最高，其次是平值合约，虚值合约最便宜。

为了更好地了解实值、平值和虚值合约的关系和区别，可以把各个合约比成水桶。内在价值是宝石，时间价值是水，那么实值合约水桶里面有宝石和水，平值合约水桶里面只有水，而虚值合约水桶里也只有水还在名义上借了宝石给别人。水随着时间的推移会逐渐蒸发消失，而宝石本身是具有一定价值的，水的价值一天天流失，宝石需要增值来弥补水的价值。因为期权合约是一种权利的选择，对自己有利的合约，买方才会选择行权，通常把期权收益等于期权费时，标的对应的涨幅叫作盈亏平衡点。虚值合约因为名义上借出了宝石，所以更难达到盈亏平衡点。实值期权合约最贵，但盈亏平衡点低，而虚值期权合约最便宜，盈亏平衡点最高。

虚值、平值和实值期权合约的选择，对各种交易策略至关重要，下面对各个合约进行具体介绍。虚值看涨期权合约包括 103、105 和 110（行权价分别上浮 3、5、10 个百分点），实值看涨期权合约包括 70、80 和 90（保证金分别为 30%、20% 和 10%），从中又演化出上端分成的 8080(第一个 80 指投资者买入 80 实值期权、第二个 80 指投资者最后能获得总收益的 80%)、9090、9070 等。

下面以某标的当天的报价为例，简述三种结构特性。

表 6–1　某标的 3 个月虚值、平值、实值结构的报价表

	虚值期权	平值期权	实值期权
行权价	110%	100%	90%
期限	3 个月	3 个月	3 个月

续表

	虚值期权	平值期权	实值期权
期权费率	3.05%	6.90%	13.25%
盈亏平衡点（标的涨幅）	13.05%	6.90%	3.25%

虚值结构期权：行权价 >100%，期权费最低，盈亏平衡点高。虚值 110 合约，行权价等于开仓价乘以 110%，盈亏平衡点等于开仓价乘以（110%+ 期权费）。以上面表格参数据为例，假设 10 元开仓该标的 3 个月 110 虚值结构的合约，期权费为 3.05%，行权价为 11 元，盈亏平衡点 11.305 元。虚值合约适用于强烈看好标的，预期涨幅很大的情形，一般为激进投资者偏好的结构。

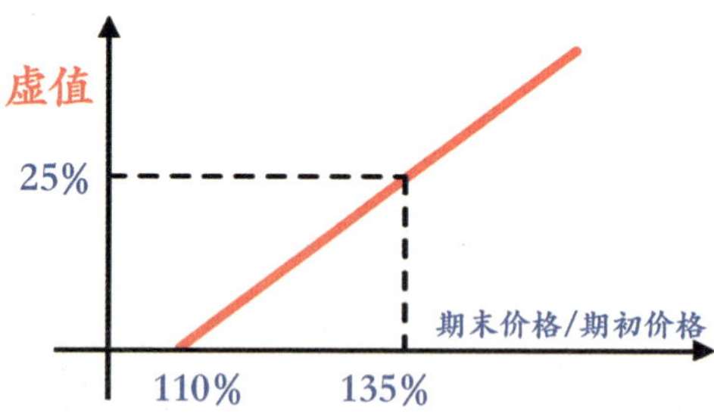

图6-1　虚值盈亏图

平值结构期权：行权价 =100%，期权费和盈亏平衡点适中，平值合约行权价等于开仓价，盈亏平衡点等于开仓价乘以期权费。以上面表格数据为例，假设 10 元开仓该标的 3 个月平值结构的合约，期权费为 6.90%，行权价为 10 元，盈亏平衡点 10.69 元。平值合约适用相对看好标的，预期涨幅一般的情形，是一般投资者首选的结构。

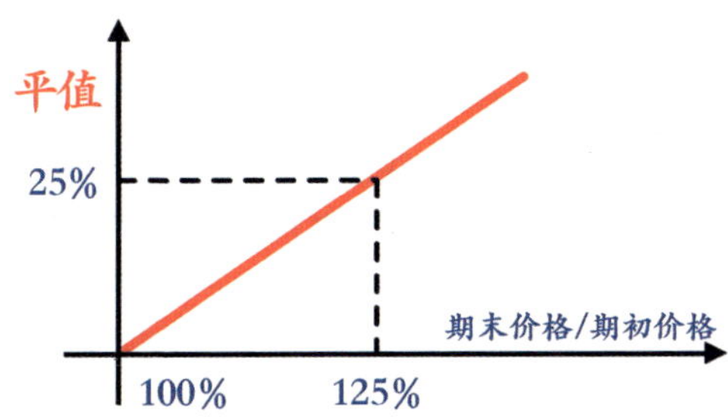

图6-2　平值盈亏图

实值结构期权：行权价 <100%。实值期权的盈亏平衡点最低，相对期权费最高。实值 90 合约，行权价等于开仓价乘以 90%，盈亏平衡点等于开仓价乘以（90%+ 期权费）。以上面表格数据为例，假设 10 元开仓该标的 3 个月 90 实值结构的合约，期权费为 13.25%，行权价为 9 元，盈亏平衡点

10.325 元。实值合约可拆解为价内价值部分 (10.0%) 和时间价值 (3.25%)。价内价值部分仅在股票下跌时遭受亏损；若到期标的价格上涨，则除对应涨幅外，价内价值可全部返还。这种情形一般为稳健投资者偏好的结构。

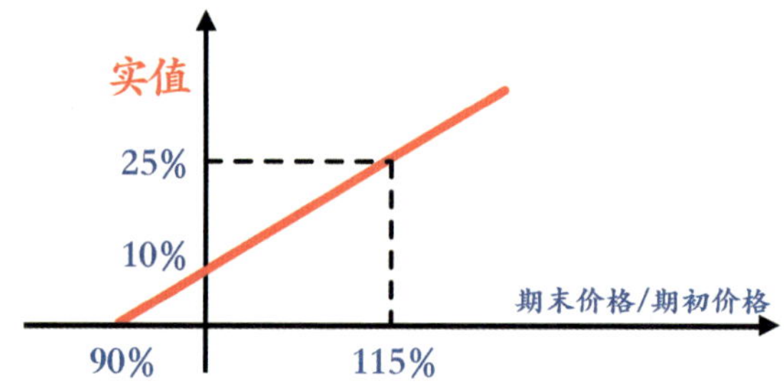

图6–3　实值盈亏图

场外期权是专业性非常强的投资工具，具有复杂多样的方案组合，同一标的、相同时间而结构不同的合约，各方面差距都非常大。要做好场外期权投资，必须熟练掌握各种期权结构特性，结合标的特点，综合考虑投资的胜率和赔率，通过预判标的涨跌幅及可能性，选择合适的期权合约结构。

二、平值结构的应用

平值结构是香草期权里面最基础、最简单的结构，平值合约没有内在价值，行权价等于开仓价，盈亏平衡点等于期权费。平值结构也是投资者使用最多的，平值期权合约的收益和风险也都是相对适中的。只有了解了平值结构，才能更好地了解虚值和实值结构。

选取时间期限都为 1 个月，不同活跃程度的 3 个标的，以某券商某日期权费报价表，对比平值结构、虚值结构和实值结构期权费和盈亏平衡点。示例：1M90 结构期权费为 11.09%，盈亏平衡点为上涨 1.09%。

表 6–2　不同标的 1 个月期限的实值、平值、虚值报价及盈亏平衡点

证券简称	1M(90call)	1M(100call)	1M(110call)
标的 1	11.09%（1.09%）	4.15%（4.15%）	1.28%（11.28%）
标的 2	12.13%（2.13%）	5.87%（5.87%）	2.82%（12.82%）
标的 3	15.00%（5.00%）	9.51%（9.51%）	6.61%（16.61%）

从表 6–2 可以看出，不管波动率高低，平值合约的期权费和盈亏平衡点都在实值合约与虚值合约之间。更低的期权费率，代表更大的杠杆率和更低的最大亏损值，这是衡量赔

率的重要因素；更低的盈亏平衡点，反映投资者需要更低的涨幅就能覆盖成本，也就是说更容易获利，这是反映胜率的重要因素。

做期权投资是对投资胜率和赔率的综合考量，既要考虑赚钱的情况，也必须做好最坏的打算。为了让投资者更好地衡量利弊，以标的 2 时间期限 1 个月的合约为例，假设开仓 100 万元名义本金，根据结构和相应投入的期权费，可以算出各个合约相应涨跌幅的盈亏情况。示例：100 万元名义本金，1M90 结构期权费为 12.13 万元，涨跌幅为 –15% 时，预估回款为 0 万元，盈亏情况为 –100%。

表 6–3　某标的不同结构在不同涨跌幅下的盈亏情况

涨跌幅	1M(90call)（12.13 万元）	1M(100call)（5.87 万元）	1M(110call)（2.82 万元）
−15%	0 万元（−100%）	0 万元（−100%）	0 万元（−100%）
−10%	2.13 万元（−82%）	0 万元（−100%）	0 万元（−100%）
−5%	5 万元 (−59%)	0 万元（−100%）	0 万元（−100%）
等于 0	10 万元 (−18%)	0 万元（−100%）	0 万元（−100%）
5%	15 万元 (+24%)	5 万元 (−15%)	0 万元（−100%）
10%	20 万元（+65%）	10 万元（+70%）	0 万元（−100%）
15%	25 万元（+106%）	15 万元（+156%）	5 万元（+77%）
20%	30 万元（+147%）	20 万元（+240%）	10 万元（+255%）
25%	35 万元（+189%）	25 万元（+326%）	15 万元（+432%）

从表 6–3 中可以看出，平值合约在上涨空间 10% 到 15% 之间，相对收益率最高。平值合约才最有优势，其他条件下，平值合约都不占优势。当跌幅在 5 个点以内时，平值合约最不占优势，亏损的期权费最大。因此，平值合约适合相对中庸的投资者，追求一定的胜率，不过多追求赔率。

场外期权平值结构被许多投资者用作对冲工具，以前没有场外期权的时候，投资者持有一定的股票，只能进行买入和卖出的操作。但是通常情况下，投资者会面临仓位管理的问题，短期买多了怕大跌，没资金加仓；短期买少了又怕大涨，仓位不够错过行情。那么这时候投资者可以选择配置一个场外期权合约做对冲，假设配置一个平值结构看涨期权，当该标的大涨时，期权合约行权能够获得收益，部分股票的仓位也能够获取收益；当该标的大跌时，期权合约因为是权利金制度，拥有很大的杠杆，可以有效降低损失，从而对冲风险。

案例一

开仓情况：

标的：300142 沃森生物

期限：2M

结构：平值看涨

权利金率：10.94%

开仓价格：91.06 元

执行价格：91.06 元

询价情况：

2021 年 8 月 10 日询价 1、2、3、6 个月平值报价如下。

表 6–4　沃森生物报价表

证券代码	证券简称	1M	2M	3M	6M
300142.SZ	沃森生物	7.82%	10.94%	16.58%	20.18%

复盘情况：

2021 年 8 月 10 日，91.06 元止盈卖出股票，同等价格开仓买入，2 月平值结构沃森生物期权合约。期权费 10.94%，行权价为 91.06 元。2021 年 10 月 11 日合约到期，结算价为 57.93 元，区间涨跌幅为 –36.4%，结算价低于开仓价，期权实际盈利情况亏损 100%。

对照推演：

2021 年 8 月 10 日，若不卖出股票换同等仓位的期权合约，继续持有股票，股票下跌将导致亏损 36.4%。换场外期权投资后，实际亏损仅10.94%，所以运用场外期权进行对冲，下跌保护达25.46%。

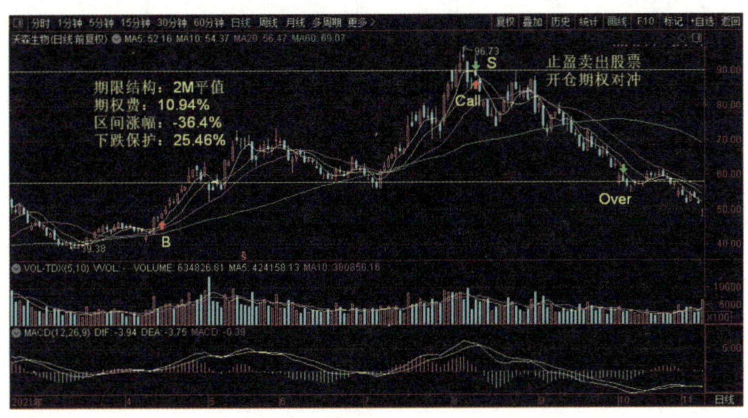

图6-4　沃森生物日K线复盘图

三、虚值结构的应用

虚值结构主要有103、105和110结构，103结构的行权价等于开仓价乘以103%，105结构的行权价等于开仓价乘以105%，110结构的行权价等于开仓价乘以110%。因此，110结构盈亏平衡点最高，期权费相对最便宜，杠杆系数最大。

选取时间期限都为1个月，不同活跃程度的3个标的，以某机构某日期权费报价表，对比虚值结构与平值结构的期权费和盈亏平衡点。可以看出，波动率比较低的标的，平值合约期权费基数小，随着虚值程度变高，期权费梯度变化明显，盈亏平衡点越高。波动率比较高的标的，平值合约期权费基数大，随着虚值程度变高，期权费并无很明显的变化梯度。例如，1M平值看涨结构期权费为4.15%，盈亏平衡点为上涨4.15%。

表6–5 某机构某日期权费报价表

证券简称	1M(100call)	1M(103call)	1M(105call)	1M(110call)
标的1	4.15% （4.15%）	2.94% （5.94%）	2.32% （7.32%）	1.28% （11.28%）
标的2	5.87% （5.87%）	4.71% （7.71%）	4.06% （9.06%）	2.82% （12.82%）
标的3	9.51% （9.51%）	8.48% （11.48%）	7.88% （12.88%）	6.61% （16.61%）

选取标的2的1个月、2个月和3个月时间期限的虚值报价，观察可以发现随着时间期限变长，平值合约期权费的基数大，随着虚值程度的变化不明显。短期合约平值期权费

基数小，期权费随着虚值程度的变化更明显。

表 6–6 1 个月、2 个月和 3 个月时间期限的虚值报价表

时间期限	1M(100call)	1M(103call)	1M(105call)	1M(110call)
1 个月	5.87% （5.87%）	4.71% （7.71%）	4.06% （9.06%）	2.82% （12.82%）
2 个月	8.26% （8.26%）	7.15% （10.15%）	6.50% （11.50%）	5.18% （15.87%）
3 个月	9.70% （9.70%）	8.61% （11.61%）	7.98% （12.98%）	6.64% （16.64%）

从以上两个表可以看出，虚值合约的主要优势是期权费相对更便宜，却有着更高的盈亏平衡点，但是开仓买入合约，并不是为了节省期权费，那么虚值合约怎么选择才合理呢？应该根据对标的物涨幅的判断，选取最有利于自己的结构。以标的 2 一个月期限的合约为例，假设开仓 100 万元名义本金，根据结构和相应投入的期权费，可以算出各个合约相应涨跌幅的盈亏情况。例如 100 万元名义本金，1M 平值看涨结构期权费为 5.87 万元，涨跌幅为 +3% 时，预估回款为 3 万元，盈亏情况为 –48%。

表 6–7 涨跌幅不同时盈亏情况表

涨跌幅	100 （5.87 万元）	103 （4.71 万元）	105 （4.06 万元）	110 （2.82 万元）
小于等于 0	0 万元 （−100%）	0 万元 （−100%）	0 万元 （−100%）	0 万元 （−100%）
+3%	3 万元 （−48%）	0 万元 （−100%）	0 万元 （−100%）	0 万元 （−100%）
+5%	5 万元 (−15%)	2 万元 (−58%)	0 万元 （−100%）	0 万元 （−100%）
+10%	10 万元 （+70%）	7 万元 （+49%）	5 万元 （23%）	0 万元 （−100%）
+15%	15 万元 （+156%）	12 万元 （+155%）	10 万元 （+145%）	5 万元 （77.3%）
+25%	25 万元 （+326%）	22 万元 （+367%）	20 万元 （393%）	15 万元 （+432%）
+50%	50 万元 （+752%）	47 万元 （+898%）	45 万元 （+1008%）	40 万元 （+1318%）

从表 6–7 中可以看出，当标的 2 涨幅小于等于 0 时，选择平值损失最大，选择 110 合约损失最小，应该选择虚值合约，可以有效降低投入成本；当涨幅在 0 到 15% 之间时，选择平值的成功率和收益率更佳，选择平值合约更合理；当涨幅大于 25% 时，选择虚值合约的收益率明显大于平值合约，并且涨幅越大，这种高收益率优势越明显。

以相对于标的 2 期权报价更便宜的标的 1 做对比。

表 6–8　涨跌幅不同时盈亏情况表

涨跌幅	100	103	105	110
小于等于 0	−4.15 万元（−100%）	−2.94%（−100%）	−2.32%（−100%）	−1.28%（−100%）
+3%	3 万元（−28%）	0 万元（−100%）	0 万元（−100%）	0 万元（−100%）
+5%	5 万元(+20%)	2 万元(−32%)	0 万元（−100%）	0 万元（−100%）
+10%	10 万元（+141%）	7 万元（+138%）	5 万元（116%）	0 万元（−100%）
+15%	15 万元（+261%）	12 万元（+308%）	10 万元（+331%）	5 万元（290%）
+25%	25 万元（+502%）	22 万元（+648%）	20 万元（762%）	15 万元（+1071%）
+50%	50 万元（+1105%）	47 万元（+1499%）	45 万元（+1839%）	40 万元（+3025%）

当判定涨幅小于等于 0 的情况下，投资者基本不会选择香草看涨期权投资。在通常情况下，我们判定某标的短期涨幅比较大时，才会考虑运用虚值结构，尤其是期权费报价基数比较小时，虚值合约相对会更有优势。

当随着时间期限变长，3 个月或者 6 个月的合约，因为期权费基数大，虚值合约期权费变化不明显，需要更大的涨幅才能凸显虚值合约的高收益率优势，而这种可能性是相对很小的。因此，长期合约主要以平值和实值合约为主，一般短期合约才会用到虚值合约，主要是1个月和2个月的合约用到虚值结构会比较多。

从上面的分析可以看出，虚值合约相对于平值合约，胜率低而赔率高，在涨幅足够大时，高赔率是吸引投资者的主要因素。这从场外期权的彩票属性更容易理解，下面列举虚值结构合约应用的实际案例。

案例二

开仓情况：

标的：600839 四川长虹

期限：1M

结构：110 结构

权利金率：0.98%

开仓价格：2.91 元

执行价格：3.20 元

询价情况：

2021 年 9 月 9 日询价 1 个月平值、103、105 和 110 结

构报价如下。

表 6–9　四川长虹报价表

证券代码	证券简称	平值	103	105	110
600839.SH	四川长虹	3.89%	2.64%	2.02%	0.98%

复盘情况：

2021 年 11 月 26 日，2.91 元开仓买入，1 月 110 结构四川长虹，期权费 0.98%，行权价为 3.20 元，盈亏平衡点 3.23 元。2021 年 12 月 21 日，3.52 元行权，区间涨幅 20.96%，投资收益 1018%。

对照推演：

2021 年 11 月 26 日，2.91 元开仓买入，1 月平值结构四川长虹，期权费 3.89%，行权价为 2.91 元，盈亏平衡点 3.02 元。2021 年 12 月 21 日，3.52 元行权，区间涨幅 20.96%，投资收益为 439%，收益率远小于 110 结构的 1018%。

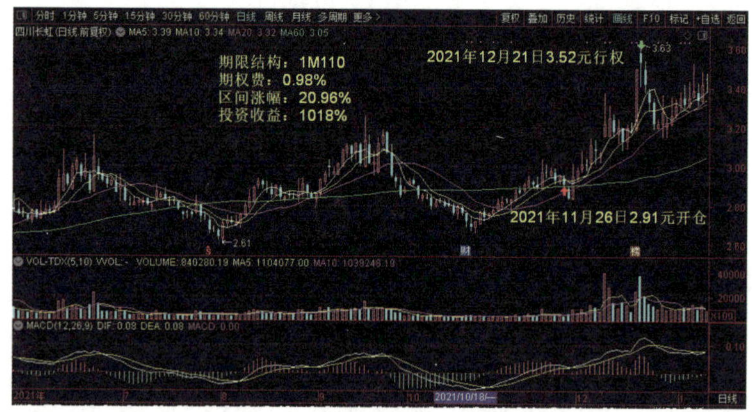

图6-5　四川长虹日K线复盘图

四、实值结构的应用

实值合约因为具有内在价值，相当于增加部分保证金，所以期权费相对更高。看涨期权的实值合约行权价低于开仓价，盈亏平衡点更低，相对实值和虚值合约也就更容易盈利。实值结构主要有 90、80 和 70 结构，随着内在价值变大，期权费越来越高，相当于分别交纳10%、20%和30%的保证金。以实值结构为基础，又演化出上端分成的8080、9090和9070等结构。以9090结构为例，第一个90指投资者买入90实值期权，第二个90指投资者最后能获得总收益的90%。上端分成结构合约，相当于买方让出部分利润，从而相对期权费比相应的实值合约小。

还是选取时间期限都为1个月，不同活跃程度的3个标的，以某券商某日期权费报价表，对比不同内在价值的实值与平值结构期权费和盈亏平衡点。可以看出，随着合约内在价值变大，期权费受波动率的影响越来越小，稳定性越来越强，盈亏平衡点越低。同等情况下，波动率大的标的，实值合约同样需要更高的盈亏平衡点。上端分成结构和不分成结构期权费和盈亏平衡点相差不大。

表 6-10　某券商某日期权费报价表

证券简称	1M(100call)	1M(90call)	1M(9090call)	1M(80call)
标的 1	4.15% （4.15%）	11.09% （1.09%）	10.74% （0.82%）	20.51% （0.51%）
标的 2	5.87% （5.87%）	12.13% （2.13%）	11.63% （1.81%）	20.75% （0.75%）
标的 3	9.51% （9.51%）	15.00% （5.00%）	14.19% （4.66%）	22.24% （2.24%）

选取标的2的1个月、2个月、3个月和6个月的时间期限的实值报价，观察可以发现随着时间期限变长，平值合约期权费的基数大，盈亏平衡点随着实值程度的变化不明显。短期合约平值期权费基数小，盈亏平衡点随着实值程度的变化更明显。上端分成结构和不分成结构期权费和盈亏平衡点依旧相差不大。

表6–11 1、2、3和6个月时间期限的实值报价表

时间期限	1M(100call)	1M(90call)	1M(9090call)	1M(80call)
1个月	5.87% （5.87%）	12.13% （2.13%）	11.63% （1.81%）	20.75% （0.75%）
2个月	8.26% （8.26%）	14.08% （4.08%）	13.38% （3.76%）	21.86% （1.86%）
3个月	9.70% （9.70%）	15.41% （5.41%）	14.59% （5.10%）	22.83% （2.83%）
6个月	12.95% （12.95%）	16.73% （6.73%）	15.82% （6.47%）	24.15% （4.15%）

从上述两个表格可以看出，实值合约的优点是拥有更低的盈亏平衡点，买方投资者更容易获利，从一开始就能处于相对优势地位。其缺点就是合约的购买费用比较贵，杠杆率相对有限，一旦合约价格下跌投资者的亏损就会比较大。做

投资不能仅考虑赚钱的情况，也必须做最坏的打算，为了让投资者更好地衡量利弊，以标的 2 时间期限 3 个月的合约为例，假设开仓 100 万元名义本金，根据结构和相应投入的期权费，可以算出各个合约相应涨跌幅的盈亏情况。

表 6–12　各个合约相应涨跌幅的盈亏情况表

上涨幅度	3M(100call) (9.7 万)	3M(90call) (15.41 万)	3M9090(90call) (14.59 万)	3M(80call) (22.83 万)
−20% 或以下	0 万元 (−100%)	0 万元 (−100%)	0 万元 (−100%)	0 万元 (−100%)
−15%	0 万元 (−100%)	0 万元 (−100%)	0 万元 (−100%)	5 万元 (−78%)
−10%	0 万元 (−100%)	0 万元 (−100%)	0 万元 (−100%)	10 万元 (−56%)
−5%	0 万元 (−100%)	5 万元 (−68%)	5 万元 (−66%)	15 万元 (−34%)
等于 0	0 万元 (−100%)	10 万元 (−35%)	10 万元 (−31%)	20 万元 (−12%)
+5%	5 万元 (−48%)	15 万元 (−3%)	15 万元 (+3%)	25 万元 (+10%)
+15%	15 万元 (+55%)	25 万元 (+62%)	24 万元 (+64%)	35 万元 (+53%)
+25%	25 万元 (+158%)	35 万元 (+127%)	33 万元 (+126%)	45 万元 (+97%)

从表格中可以看出，当标的2涨跌幅较小时（0到时15个点以内），选择平值损失最大，选择内在价值更多的实值合约更划算，小幅下跌时，实值合约可以有效减少损失，小幅上涨时，实值合约能降低赚钱难度，小涨小跌应该选择实值合约；当跌幅在10%以上时，选择平值合约损失更小，并且随着跌幅加大，选择实值程度越高损失越大，这时候选择平值合约更合理；当涨幅过大时，平值合约的收益率明显高于实值，并且随着实值程度加大，这种低收益率劣势表现更加明显。因此，在涨跌幅不大的情况下，运用实值合约更具优势。

实值合约的内在价值只要标的不下跌，就能返还投资者，相当于保证金，这与以前配资投资的方式相类似。通过两者对比，也可以看出场外期权的优劣势。下面选取标的2投资期限3个月80结构为例，80结构刚好与4倍杠杆配资投入和使用的资金相当（配资违法，只做对比分析）。

表6–13　股票、个股期权、配资三种投资形式下的盈亏情况

	股票账户	场外期权80结构	配资（1：4）
投入资金	100万元	期权费22.83万元 （20万元内在价值）	24.8万元 （月息2%） +80万配资

续表

		股票账户		场外期权 80 结构		配资（1∶4）	
交易成本（费用）		手续费 0.02%+印花税 0.1%（低）		0 涨幅，亏 2.83 万元（中）（实际成本 2.83 万元）		3 个月配资利息 4.8 万元（高）	
	涨跌幅	盈亏	盈亏比例	盈亏	盈亏比例	盈亏	盈亏比例
上涨行情	10%	10 万元	10%	7.17 万元	31%	5.2 万元	21%
	20%	20 万元	20%	17.17 万元	75%	15.2 万元	61%
	50%	50 万元	50%	47.17 万元	207%	45.2 万元	182%
下跌行情	−10%	−10 万元	−10%	−12.83 万元	−56%	−14.8 万元	−60%
	−20%	−20 万元	−20%	−22.83 万元	−100%	−24.8 万元	−100%
	−50%	−50 万元	−50%	−22.83 万元	−100%	−54.8 万元	−201%

对比可以看出，80 结构相对于 4 倍杠杆配资的方式资金使用情况一致，资金成本更低。同等涨幅条件下，盈利比例更大；同等跌幅的情况下，亏损比例更小。而且亏损有限，无须担心补仓和爆仓的风险。这种配资风险不可控，而且属于违法行为。从某种意义上说，场外期权实值结构满足这部

分客户需求，而且对投资者还设有最大亏损限额，从而保护投资者免受过大的损失。

案例三

开仓情况：

标的：600900 长江电力

期限：6M

结构：80 结构

权利金率：23.82%

开仓价格：18.87 元

执行价格：16.98 元

询价情况：

2021 年 8 月 2 日询价长江电力 80 结构 1、2、3 和 6 个月报价如下。

表 6-14　长江电力报价表

证券代码	证券简称	1M	2M	3M	6M
600900.SH	长江电力	20.52%	21.14%	21.91%	23.82%

复盘情况：

2021 年 8 月 2 日，18.87 元开仓买入，6 月 80 结构长江电力，期权费 23.82%，行权价为 15.1 元，盈亏平衡点 19.59 元。2022 年 3 月 2 日合约到期，结算价 23.57 元行权，区间涨幅 24.90%，投资收益 88.5%。

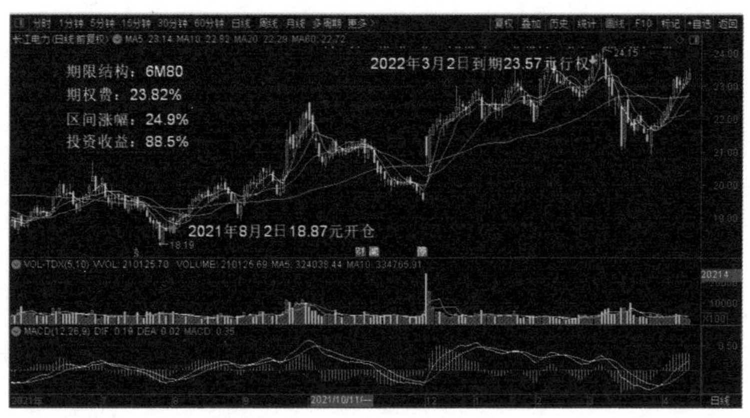

图6-6　长江电力日K线复盘图

第七章　雪球简介与应用

一、雪球的简介

我们可以从牛肉价格理解雪球结构。养牛的邻居老王跟牛肉商贩老刘是多年的商业合作伙伴，目前市面上牛肉价格为 50 元一斤。有一天老刘对老王说：咱俩打个赌，你给我 100 元，一年内赌局结束。

接下来一年里，只要牛肉价格涨到 55 元，我给你 120 元，赌局立马结束（敲出）；

牛肉的价格要是一年内跌到 35 元，你只能拿回 70 元，赌局也是立马结束（敲入）；

牛肉的价格如果一年内一直在 35 元至 55 元间徘徊呢？

那只要坚持到满一年，老刘还是给老王 120 元。老王一盘算，自己有很大概率能挣钱。如果老王觉得接下来牛肉的价格能涨到 55 元，肯定赌啊，20% 的收益太舒服了。

如果老王觉得牛肉价格涨不到 55 元，但也跌不到 35 元，那他还是会赌，相当于自己可以有年化 20% 收益。当然，如果牛肉的价格真的跌到 35 元，他就要亏损 30% 了。事实上，只要牛肉的价格跌不到 35 元，参加这个赌局都对老王有利。每年都在通货膨胀，物价上涨，老王觉得牛肉的价格怎么着也不至于跌到 35 元，他大概率可以赚钱。

那老刘不是要亏损了？千万别忘了，老刘是个牛肉商贩，他储存有大量牛肉，如果牛肉价格涨了，他卖得更开心，输给老王并无什么影响。

1. 雪球期权的定义

所谓雪球期权，是场外期权中一种特殊的结构，当挂钩标的的价格处于一定的区间内时，雪球期权的买方能持续稳定地获得收益，就跟滚雪球一样。但是，如果标的价格在敲出观察期内超过了价格区间的上限（敲出价），那么期权买方只能提前获利了结；若标的价格在敲入观察期内跌破了价格区间的下限（敲入价），则期权买方需要承受跟随标的价格走势的风险；如果标的价格跌破敲入价并且没有反弹，那么投资者就只能承担价格下跌的损失。

2. 雪球结构的几大要素

挂钩标的：可以是商品期货合约，也可以是某只股票、股指合约等。

敲入：指的是标的合约价格跌穿所设置的价格水平，通常设置为初始价格的 60% ~ 85%，通常每天观察是否敲入。

敲出：指的是标的合约价格上涨超过所设置的价格水平，通常设置为初始价格的 100% ~ 105%，通常每月观察一次是否敲出。

期限：挂钩标的合约若为特定商品期货（如原油）期限通常为 6 个月，挂钩股票期限通常为 6 个月或 1 年，挂钩指数通常为 6 个月到 2 年。

票息：根据所选标的合约波动率不同，票息收入也不一样，波动率越大，票息收入相对也越高（遵循风险与收益成正比的基本逻辑）。

3. 雪球合约的介绍

下面展示中证 500 指数雪球的案例，该产品的期限为 6 个月，挂钩标的为中证 500 指数。根据产品的条款，敲出水平为标的资产期初价格的 103%，敲入水平为期初价格的 80%。雪球结构将从合约生效开始每月观察期权是否敲出，同时每日观察期权是否敲入。

若在任一敲出观察日（月度），挂钩标的收盘价格大于或等于标的指数的期初价格 ×103%，即代表敲出事件发生，此时该合约提前终止，投资者可以获得全部本金和年化敲出票息。若在观察期限内既没发生敲出也没发生敲入，投资者获得全部本金和红利票息，产品到期自动结束。若在观察期内敲入且未敲出，则敲入名义本金与该收益凭证本金相同的看跌期权空头，到期时若标的价格高于期初标的价格，则该看跌期权为虚值，卖方无损失，投资者仅能收回全部本金，无票息和红利收益。若到期标的价格低于期初价格，则该看跌期权卖方发生亏损，投资者需要承担标的下跌带来的全部损失，其收益相当于在期初买入了与收益凭证本金相同金额的标的。

标的：中证 500（假设期初点位 7000 点，交易名义本金为 1000 万元）

期限：6 个月

敲出观察周期：每月的 15 日观察收盘价

敲出界限：期初价格 ×103%

敲入界限：期初价格 ×80%

票息：年化 15%

表 7–1　不同条件下的雪球损益情况

任一交易日（敲入）	观察日（敲出）	损益情况
从未跌穿 5600 点	从未到过 7210 点	未提前终止，客户收全年票息
	曾经到过 7210 点	提前终止，客户收对应存续期票息
曾跌穿 5600 点	曾经到过 7210 点	提前终止，客户收对应存续期票息
	期末点位 <7000 点	未提前终止，客户亏损差额部分
	7000 点 ≤ 期末点位 < 7210 点	未提前终止，客户无收益

场景一：发生敲出事件(无论是否发生敲入)

若某个月观察日标的价格超过敲出界限，则发生敲出事件，无论是否曾经发生敲入事件，期权提前终止。客户获得年化固定收益（按产品实际存续期限计算）如下。

假设产品于第四个收益观察日首次发生敲出事件，则客户获得固定收益：1000 万元 ×15%×4/12=50 万元。

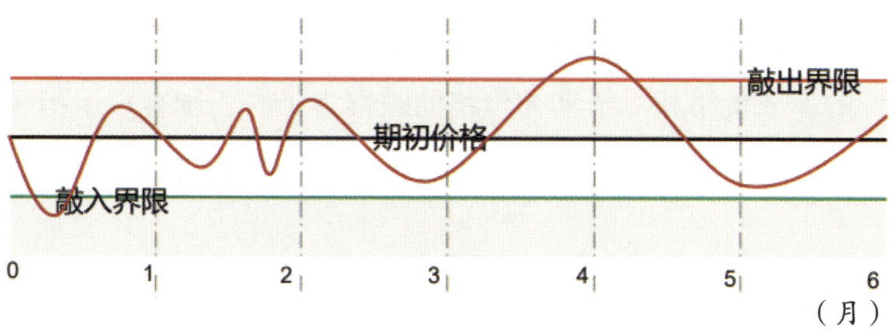

图7-1　场景一价格波动

场景二：未敲出，且未敲入

若任意月观察日标的价格从未超过敲出界限，且任意交易日标的价格，从未低于敲入界限，则产品自然到期，客户获得年化固定收益：1000 万元 ×15%×6/12=75 万元。

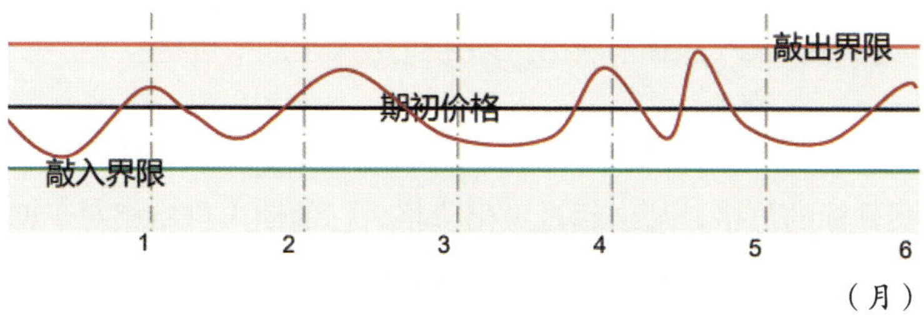

图7-2　场景二价格波动

场景三：敲入，且未敲出，期末价格小于期初价格

若存在某一交易日标的价格低于敲入界限，且任意月观察日标的价格，从未超过敲出价格，则产品自然到期。假设标的期末价格相对于期初价格的跌幅为 15%，则客户承担亏损金额：1000 万元 ×15%=150 万元，且无固定收益。

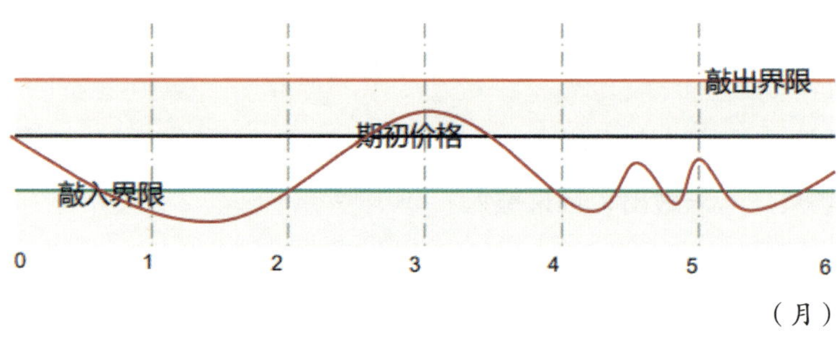

图7–3　场景三价格波动

场景四：敲入，且未敲出，期末价格大于期初价格

若存在某一交易日标的价格低于敲入界限，且任意月观察日标的价格，从未超过敲出价格。标的期末价格相对于期初价格存在一定涨幅，但未达到敲出界限，此时客户无须承担亏损，且无固定收益。

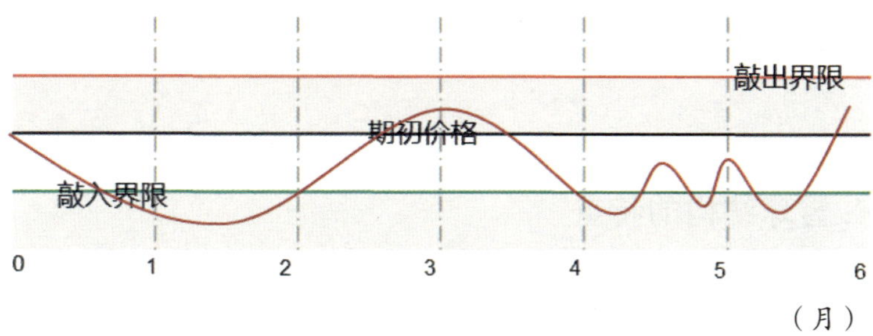

图7-4　场景四价格波动

雪球结构的规则可总结为以下七点。

（1）只要有敲出，必然有获利。

（2）整个期限里，未敲出 + 未敲入，也获利。

（3）敲入后没敲出，到期价涨过初始价，不赚不赔。

（4）敲入后没敲出，到期价涨不过初始价，差多少亏多少。

（5）挂钩标的、敲入价格、敲出条件经协商定制。

（6）敲出事件必须发生在观察日才算。

（7）敲入事件发生在期限中任何一天都算。

二、雪球的应用

1. 雪球结构的特点

上面介绍的雪球结构为经典雪球结构，实际的雪球结构可以全定制化服务，客户盈利还是亏损，都是根据事先商定好的游戏规则来实行。投资者可以选好挂钩标的和期限，所有要素也可以按投资者需求进行定制（如敲出、敲入界限的调整），包括前几个月是否设置观察日、是否追加保证金等，其票息水平也因此会受各项要素的调整而改变，投资者可以设想各种情况下的盈利情况。

雪球结构比较适合震荡的行情，下跌幅度只要不敲入价位，后续能有一个反弹，反弹幅度不超过敲出价位，只要这样反复震荡，就能获得相应时间内的票息。雪球结构不太适合暴涨暴跌的行情，一旦大跌到敲入价，就会产生实际亏损，哪怕后面反弹，如果没有反弹到期初价之上，依旧产生实际亏损。如果短期上涨过快，到观察期价格位于敲出价之上，那就会立马敲出，只能收获短时间内的票息。例如，1 个月就敲出，实际只能获得年化票息的 1/12，假设年化收益率是 18%，只能拿到绝对值 1.5%（18%/12=1.5%）的收益。

2. 雪球结构的应用

雪球产品作为场外期权的重要部分，补充了震荡行情的投资空白。当投资者不能确定挂钩标的未来会不会涨，但是投资者认为它已经到达了估值底部，再往下大跌的可能性不大；或者，投资者看好某标的，迟迟没有买入，因为担心它短期会有回调，但是现在不买入又怕错过了合适的点位；再或者，行情震荡的时候，标的价格上不去又下不来，这个时候比较适合使用雪球结构。

雪球产品的收益，主要是取决于挂钩的指数或股票的未来走势。雪球结构性收益凭证是非本金保证型的一种"安全垫"产品。其主要优势在于，为投资增加了一层缓冲空间，适应温和上涨和波动行情，同时对下跌标的有足够的保护作用。牛市中，雪球结构产品可能提前结束；在波动的市场或轻微的熊市中，仍有可能获得不错的表现；只有市场一路下跌，跌破安全点不回头，才会出现亏损。

通常相对稳健的投资者会倾向于雪球结构，做雪球结构投资主要基于市场的走势和标的基本面，需要对这两方面去深入研究。目前来看，这个场外结构化期权的产品，主要交易者玩家以机构为主，商业银行是最主要的玩家，因为商业银行有大量的结构化理财，需要运用雪球结构去对冲。其次是券商和基金公司，通过发行理财产品，募集资金进行相应的配置管理。另外，少数的投资者通过法人主体进行投资，主要涉及一些指数和个股雪球结构，这些投资者往往也具有一定的投研能力和风险承受能力。

此外，雪球期权也存在保证金交易模式，保证金率通常设置为 20% ~ 30%，参与者直接买入雪球结构期权，相当于提高了资金的杠杆。同等初始资金的条件下，若保证金率为 20%，则可获得 5 倍的票息收入。下面通过具体案例了解雪球期权投资。

案例一

标的名称：000630 铜陵有色

期限：6 个月

参与率：80/100

年化票息：26.6%

保证金：20%（不追保）

成交价：3.48 元

敲出界限：3.48 元

敲入界限：2.78 元

复盘情况：

2021 年 11 月 8 日，3.48 元开仓买入，6 月 80/100 不追保雪球结构，年化票息 26.6%，敲入界限为 2.78 元，敲出界限为 3.48 元，每月 8 日为敲出观察日。2021 年 12 月 8 日收盘价为 3.66 元，合约敲出，盈利为 11%（26.6% × 1/12 × 5）。

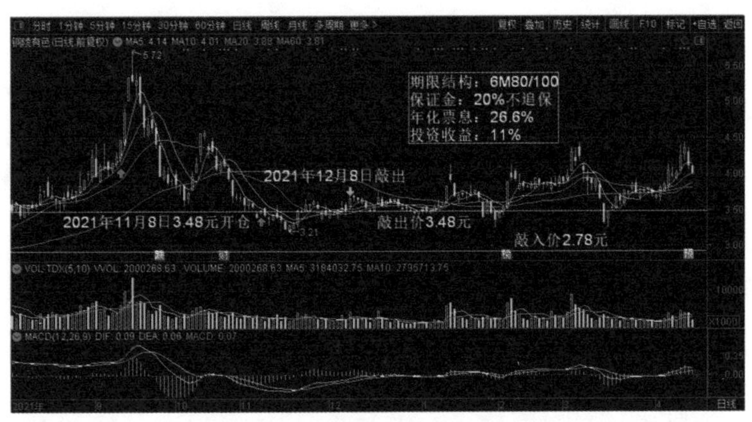

图7–5　铜陵有色日K线复盘图

3. 雪球结构的风险

雪球结构本质上是投资者向交易商卖出带触发条件的看跌期权（Sell Barrier Put）来获取票息收入。雪球结构是在提供一定程度下跌保护的同时，表达温和看涨的观点，就像滚雪球一样，只要路面不出现大的坑洼，雪球就会越滚越大。

从之前的情景分析中可看出，当期间标的合约价格发生了敲入且未发生敲出时，存在本金亏损的现象。对于追保结构的雪球，在面临标的价格下跌时，投资者还需及时补充保证金以确保履约。对于投资者而言，雪球最大的风险就是发生敲入后，在期权期限内未发生敲出。当投资者所选标的踩雷，或者整个市场出现系统性风险的时候，那么投资者就很可能要承担标的合约相应的跌幅损失。而这种损失，通常会比较大，往往需要很多笔雪球投资才能够弥补回来。

案例二

标的名称：000661 长春高新

期限：6 个月

参与率：80/100

年化票息：35.2%

保证金：20%（不追保）

成交价：386.61 元

敲出界限：386.61 元

敲入界限：309.29 元

复盘情况：

2021 年 7 月 16 日，386.61 元开仓买入，6 月 80/100 不追保雪球结构，年化票息 35.2%，敲入界限为 309.29 元，敲出界限为 386.61 元，每月 16 日为敲出观察日，期间观察日收盘价低于敲出价。2022 年 1 月 17 日（16 日为星期日）收盘价为 256.52 元，最后观察日价格低于敲入价，合约到期，收益为 –100%。

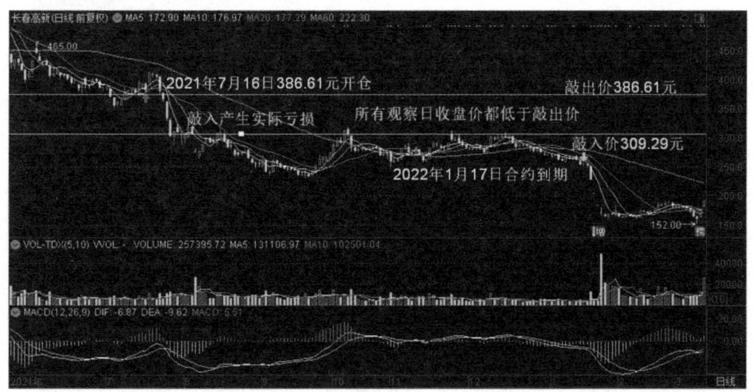

图7–6 长春高新日K线复盘图

第八章　如何成为交易高手

一、期权投资之道

我很喜欢“见路不走”这四个字，见道而不限于见路，学神而不停留于学形，知其然知其所以然。我经常会把做投资类比成做蛋炒饭，只要把蛋和饭炒一下就可以做出蛋炒饭，至于加不加油盐酱醋葱，炒出来的味道是酸甜苦辣咸，这些都看厨师如何把控了。但离开了蛋和饭，炒的就不是蛋炒饭了。

场外期权投资又称为衍生品投资，场外个股期权是股票衍生出来的投资工具。为了更好地说明场外个股期权投资之道，先简述股票投资之道。股票上涨本质是资金推动，促使资金推动的因素很多，个性化的东西很难去把控，因此，要尽量追寻共性的东西，也就是股票上涨的普遍条件。股票上涨的普遍条件大致可以概括为三个方面：基本面向好（行业回暖、业绩增加、估值提升等）、消息面刺激（国家意志、行业补贴、公司利好等）、技术面共振（资金流入、上升趋势、情绪稳定等），同时具备三者，则可能走出大牛股。

横向来看，股票投资赚钱可归结于四个层次：时代发展、行业拐点、公司成长和情绪波动，这其中多因素共振则能走出牛股。成熟的投资者都拥有完善的投资系统，熟练掌握一种或多种投资战法，能运用各种结构和期限，通过仓位管理和策略组合，达到预定的投资目的，但百变不离其宗，都是在以上的基础上演化进阶而来。

场外个股期权投资立足于股票投资，是股票投资或对冲的工具，期权投资损益与股票涨跌非线性相关。股票投资在相同涨幅内收益相差不会很大，而期权合约因为具有不同期限和结构，不同的投资策略收益千差万别。股票投资只需要把握方向，适当考虑上涨的空间，而期权投资还要考虑上涨的时间。与期权投资相比，通常的股票和期货投资更像一场游击战，可以且战且退，单笔投资的止盈止损也不会造成很大的影响。期权投资更像一场大的战略，需要精心布局，充分考虑各个环节、因子，一旦开始就很难抽身，而有时候失败也是为了更大的战略布局（从风险对冲角度来理解）。

场外个股期权投资具有自身的投资之道，是灵活运用各种结构、期限和组合策略应对标的各种情况的投资工具。其本质是将时间价值压缩到极致，充分换取资金价值使用权利。把控标的内在波动率，在风险可控的情况下，短期时间内加大投资杠杆。那么期权投资就需要判定一定时间内的涨跌幅(对冲投资策略大跌也可受益，雪球策略不大跌就能受益)，也或者说是波动率。在股票投资的基本面、政策面和技术面共振的前提下，评估时间和环境因素，基本面短期改变的预期情况，政策面短期刺激的情绪状况，技术面短期股价的具体位置等，综合情况考虑场外期权投资的胜率和赔率，制订相应的投资计划，达到对冲或套利的投资目的。

胜率和赔率是期权投资的核心元素，投资者会花 2 元买一张彩票，虽然买一百次也没有中奖，大家会觉得合理，因为中一次就可以弥补所有的亏损，这是赔率足够吸引投资者。投资者会花 1 万元在银行购买一份理财，虽然每年只有几百元的收益，大家也会觉得合理，因为这个投资的胜率接近百分之百，这是胜率足够吸引投资者。介于这两者之间的范围，赔率和胜率能够合理，投资者也会做出相应的选择。比如赔率是 1∶10，理论上说胜率超过 10%，只要投资次数足够多，就不会亏钱；如果赔率 1∶1，那么胜率起码要达到

50% 以上，这样的投资才能具有吸引力。期权投资与其他投资相比，独特的非线性损益结构，通过灵活组合各要素，能够匹配出胜率和赔率最合理的投资方案。通过不同期权间的组合，以及期权与其他投资工具组合，构建出不同风险收益状况的投资组合。

二、建立交易系统

投资者很难持续赚取认知范围以外的钱，凭运气赚到的钱，最终都会凭实力亏回去。因此，要清楚认识自身的特点和能力，选择最适合自己的场外期权交易系统。选股能力强、风险偏好高的投资者，会更加偏向高杠杆，适合平值和虚值结构的合约；选股能力一般、风险偏好低的投资者，更适用平值和实值合约；短线投资能力强的，通常会更加激进，会倾向于选择一两个月的合约；长线投资者，风格偏向稳健，通常会选择 3 个月或 6 个月的平值或实值合约，也可以考虑雪球结构。不同的投资者，根据所选标的情况，会运用不同的结构和期限，衡量胜率和赔率，组建自己的交易系统。

知己知彼，百战不殆。在制定自己的交易系统之前，一定要充分认识自己，从而选择合适的投资策略，可以通过以下几个方面，认清自己的投资风格，建立适合自己的交易系统。

表 8–1 投资风格对照表

投资风格	持股时间	止盈比例	止损比例	选股风格	买入风格	成功率
相对激进型	1 个月以内	20% 以内	10% 以内	题材	追涨	30% 以内
相对进取型	2 到 3 个月	20% ~ 50%	10% ~ 25%	成长	正常	30% ~ 50%
相对稳健型	6 个月以上	50% 以上	25%	价值	抄底	50% 以上

1. 激进型的投资参考模型

相对激进的投资者适合 1 个月到 2 个月的投资期限，结构主要以平值和虚值为主，包括 103、105 和 110 结构。行权时间通常不会太久，有时可能几个交易日就会行权，甚至出现连续涨停被强平止盈的情况，下面列举几个相关的常用模型。

模型一：飞龙在天

常用期限：1M

常用结构：105 或平值看涨

权利金率：10% 至 16% 之间（平值）

目标涨幅：40% 到 150%

预估收益：3 到 10 倍

模型简介：适用于市场明牌的龙头标的，板块或行业受到重大利好刺激，龙头因此受到全市场的关注，人气排名靠前，市场情绪氛围配合，资金将会大举涌入，成交量持续放大，走势一气呵成。开仓买点通常在 3 个涨停板以后，卖点需结合整个市场和板块的情绪，根据该标的具体的走势判断。

经典案例有陕西金叶，2021 年 11 月电子烟行业迎来政策暖风，板块个股悉数上涨，陕西金叶作为板块龙头，开启连续上涨，股价总体涨幅达 4 倍。

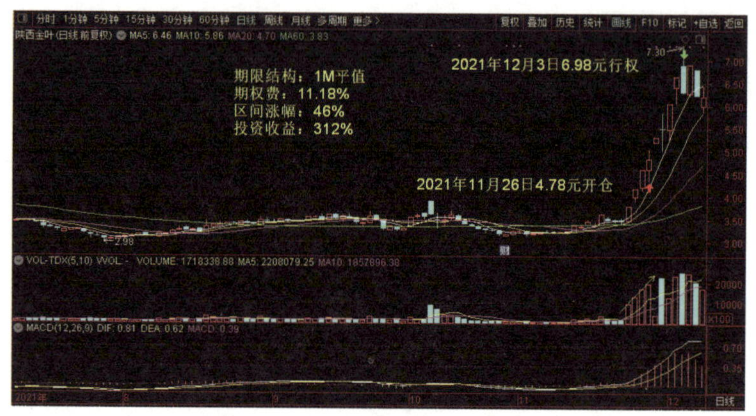

图8-1　陕西金叶日K线复盘图

模型二：龙跃在渊

常用期限：1M

常用结构：105 或平值看涨

权利金率：9% 至 15% 之间（平值）

目标涨幅：30% 到 100%

预估收益：3 到 8 倍

模型简介：适用于短期还没有明牌的标的，作为潜在龙头标的，短期走势已经走出龙头气质，前期资金布局明显，成交量放大并突破底部区间，随后回踩关键位置。开仓买点通常在回调至关键均线附近，卖点需结合整个市场和板块的情绪，根据该标的具体的走势判断。

经典案例有润和软件，2021 年 5 月华为的鸿蒙系统发布会，引起整个市场关注，相关概念个股纷纷上涨，润和软件作为板块龙头，调整过后开启连续上涨，股价总体涨幅达 5 倍。

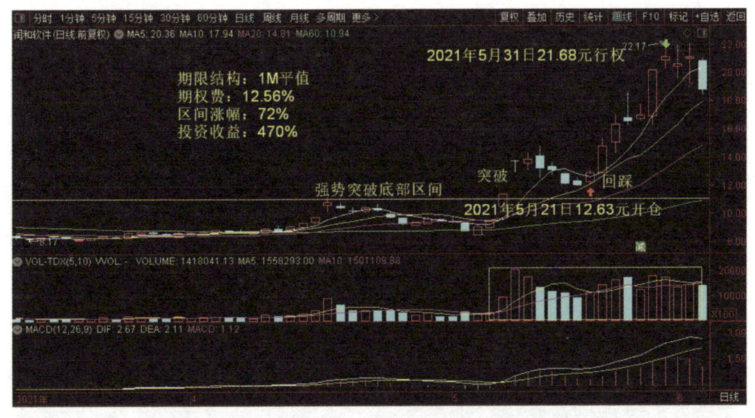

图8-2　润和软件日K线复盘图

模型三：见龙在田

常用期限：1M

常用结构：105 或平值看涨

权利金率：8% 至 14% 之间（平值）

目标涨幅：25% 到 80%

预估收益：2 到 6 倍

模型简介：适用于短期走势明朗的活跃标的，通常是板块内有代表性的标的，集聚着一定的市场资金和人气，前期资金布局明显，成交量相对较大，股价已经远离底部区间，股价沿着中期均线上涨，每轮涨幅一般在 25% ～ 50% 之间。开仓买点通常在回调至中期均线附近，卖点通常在上升通道压力位附近。

经典案例有海联金汇，国家推出数字人民币，各省市不断推出相关政策支持，2022 年 2 月数字人民币相关概念个股纷纷上涨，海联金汇作为板块人气标的，沿着 60 日均线波动上涨。

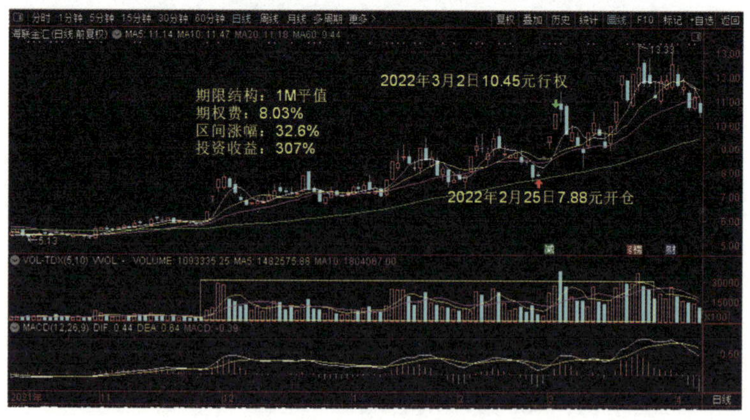

图8-3　海联金汇日K线复盘图

2. 进取型的投资参考模型

相对进取的投资者适合 2 个月到 3 个月的投资期限，结构主要以平值和实值为主，包括 90、9090 和 8080 等结构，行权时间通常也不会太短，经常会等待好几个星期，甚至两三个月，下面列举几个相关的常用模型。

模型四：降龙伏虎

常用期限：2M

常用结构：90 或平值看涨

权利金率：5% 至 9% 之间（平值）

目标涨幅：20% 到 50%

预估收益：3 到 8 倍

模型简介：该类模型适合股价在底部长期横盘，所属板块与市场风格有一定关联，标的是板块具有一定辨识度的优质公司，并且前期走势具有一定的指引性，选择合适时间开仓买入，等待市场主流板块发酵，轮动到所属板块相关个股，涨幅通常在 20% ~ 50% 之间。股价逐步起势时可开仓买入，一般等待出现涨停后，观察板块和该标的强度考虑卖点。

经典案例有一汽富维，在碳中和大背景下，国家大力发展新能源汽车，新能源汽车产业链上游走出火爆行情，各省市相继出台开展以旧换新，优化汽车限购等措施，扩大汽车消费。作为老牌汽车零部件供应商的一汽富维，2021 年 10 月迎来资金青睐，两个月股价接近翻倍。

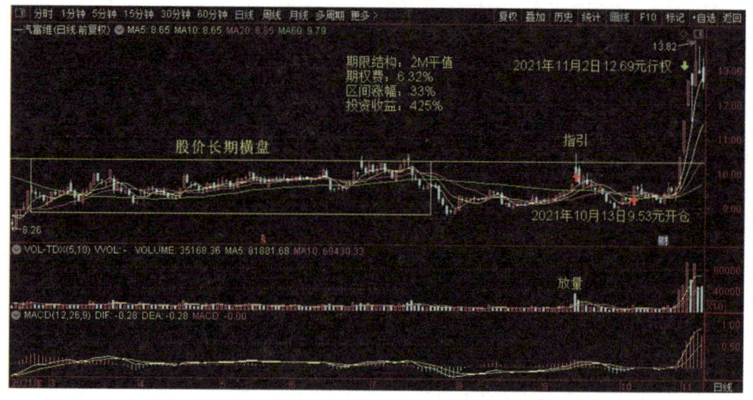

图8-4　一汽富维日K线复盘图

模型五：龙行虎步

常用期限：3M

常用结构：90 或平值看涨

权利金率：9% 至 15% 之间（平值）

目标涨幅：15% 到 30%

预估收益：1 到 3 倍

模型简介：该类模型适合股价稳步上涨的标的，市场和板块走势总体稳定，标的公司长期发展向好，公司股价沿着长期均线温和上涨，每月涨幅在 5% ~ 10% 之间。开仓买点通常选在回调至关键均线附近，通常等待合约到期日再行权。

经典案例有三一重工，在各国加速布局基建投资的浪潮下，并在“一带一路”倡议带动下，作为工程机械龙头的三一重工，国际市场进一步打开，公司业绩稳步提升，机构资金长期买入，股价稳步向上两年涨 7 倍。

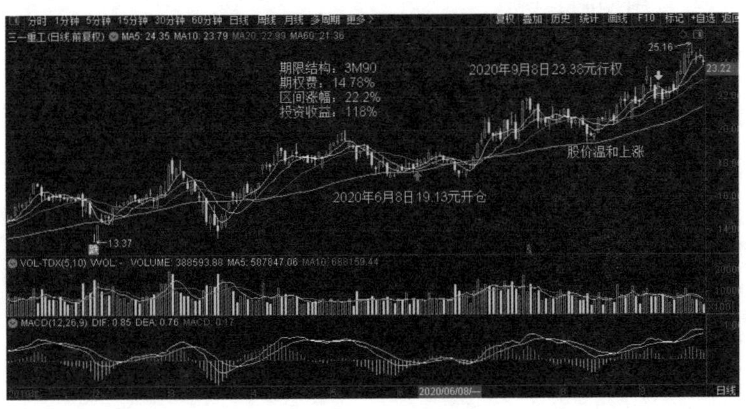

图8-5　三一重工日K线复盘图

3. 稳健型的投资参考模型

相对稳健的投资者适合 3 个月到 6 个月的投资期限，投资结构主要以平值和实值为主，包括 90、9090 和 8080 等结构，雪球结构也是该类投资者重要的选择，行权时间通常会很长，基本上要等上两三个月，有时候甚至大半年的时间，下面列举几个相关的常用战法。

模型六：龟涉大山

常用期限：6M

常用结构：80 或 90 结构

目标涨幅：20% 到 50%

预估收益：30% 到 1 倍

模型简介：该类模型适合业绩长期较为稳定的标的，公司在行业内处于龙头地位，股价总体稳定，通常不容易大跌，股价随着公司业绩的增加缓慢上涨，每个月的平均涨幅在 3% ~ 5% 之间。开仓买点通常选在回调至关键均线附近，通常等待合约到期日再行权。

经典案例有长江电力，公司作为全球最大的水电上市公司，公司业绩长期稳步提升，充裕的现金流保障分红持续性，机构资金长期买入，股价多年来稳步向上。

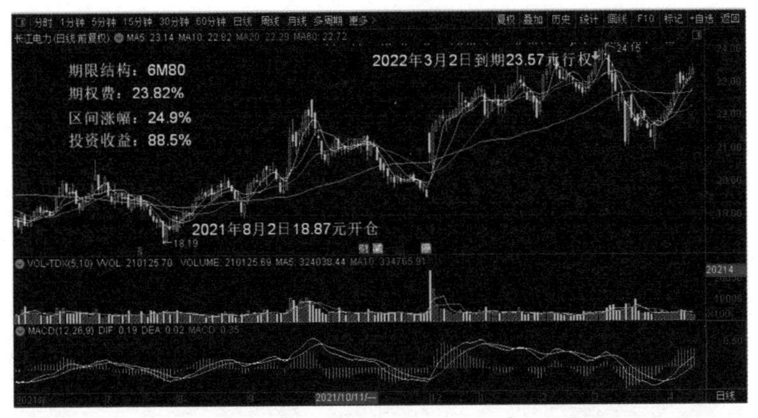

图8-6　长江电力日K线复盘图

模型七：守株待兔

常用期限：6M

常用结构：保底雪球结构

预估收益：10%到1倍

模型简介：该类模型适合公司估值合理的标的，股价经过下跌或调整后，总体趋于稳定，通常不容易发生大跌。开仓买点通常选在回调至关键均线附近，每月设敲出观察日，每日都进行敲入观察。

经典案例有铜陵有色，公司作为国内铜产业链龙头之一，国内最大的硫酸生产企业，动态市盈率10倍出头，选择合适位置开仓，继续大跌（–20%）的概率很低，总体易小涨难大跌，相对敲出获得票息的概率较大。

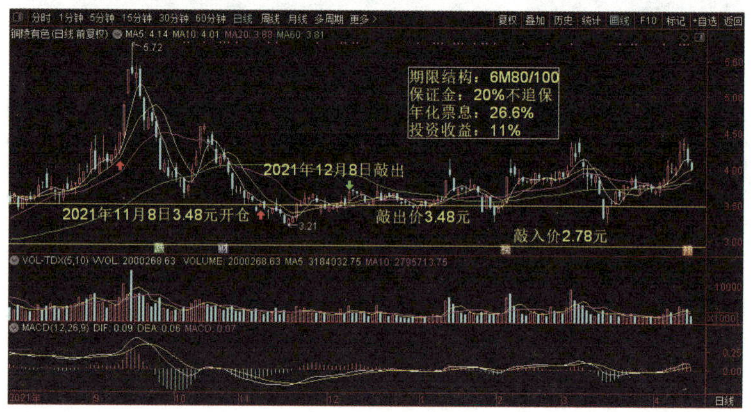

图8–7　铜陵有色日K线复盘图

三、坚守投资原则

很多人刚接触到场外期权时，觉得场外期权投资是可以实现一本万利的，而现实却是期权投资比想象的困难得多，很多人不但没有赚钱，反而亏损很大。实际上，超过 90% 的投资者做场外期权都是亏损的，因为场外期权相比股票和期货更加复杂，整个投资过程要更加系统化，场外期权投资需要更完善的计划、更严格的执行力、更强的心理承受能力，因此，需要遵循的原则也更苛刻。

很多新投资者刚接触场外期权，就急于利用它更好驾驭股市。而事实上，这些新的场外期权投资者甚至是那些拥有更丰富经验的人，都对场外期权的实际情况知之甚少，甚至还没有了解清楚场外期权的交易规则就开始投资。成功的交易者都是成熟稳重的，他们不仅有计划有策略，还有着非常强的纪律性，他们严格遵守各种投资者法则。他们就像成熟的驾驶员，不仅经验丰富，还熟知各项交通规则，从而游刃有余地驰骋赛场。下面总结出几点场外期权的投资原则。

1. 降低盈利预期，确保投资成功率

场外期权投资是高杠杆投资工具，十倍八倍是经常有耳闻，但实际的投资很难做到。可能几十笔投资才出一例，而且还要及时止盈兑现，所以难度是非常大的，这样的投资可遇而不可求。几乎所有的投资都是概率投资，希望追求更高的成功率。场外期权投资也一样，在赔率合理的情况下，尽

可能提高胜率。但胜率和赔率总是相互影响的，投资者想赚更多的时候，这个成功的概率就会变得更小。因此，只有平衡好赔率和胜率的关系，才能更科学地制订投资计划。

场外期权的高杠杆属性决定了其高赔率，一旦结构和期限确定，投资合约的杠杆基本确定，这时候盈利目标成为整个投资的关键因素。如果设得太高，往往很难达到，这样投资的成功率就会变得很低，连续的投资失败就会严重影响投资的心态，从而导致整个投资计划的失败。而如果降低盈利预期，通常能很好地提高投资胜率，心态就会变得很好，加上其高杠杆性，相对于股票，其盈利也大得多。如果能连续成功几次，算上复利投资，也是非常具有吸引力的。因此，适当降低盈利预期，能够提高成功率，从而更容易做好场外期权投资。

2. 获利较多时，减仓能减压

投资计划制订以后，心态往往是投资过程中的关键因素，当仓位头寸比较重时，投资者内心往往会有较大的压力。尤其是在波动比较大时，因为期权的杠杆性和非线性损益特性，投资者的内心会随着投资收益的大幅波动，情绪起伏非常大。

当投资盈利达到预期或者超预期时，可以适当减仓，兑现一部分利润。这样心态会变得非常好，剩余的仓位也能更好地持有。一旦股价趋势反转掉头向下，如果这时候没有行权减掉头寸，投资者的内心会产生很强烈的悔恨情绪，甚至导致错误的判断和抉择。相反，如果已经减掉部分头寸，继续上涨也还有部分仓位能够继续扩大盈利，如果下跌，只剩下一部分仓位，避免大部分盈利回吐，这样就始终能保持良好的投资心态。

3. 时间是敌人，越往后越被动

时间价值是期权投资特有的因子，也是场外期权投资要把控的因素之一。换而言之，期权合约是一种递减资产，每天都会贬值一点点，这种现象称为时间价值衰减。在合约盈利达到预期的情况下，就可以考虑行权止盈，哪怕还有很长的时间，也不要等到时间耗尽。因为股价的上涨，大多情况也是波浪式曲折前进，短期连续的上涨，往往会积累较大的抛压。一旦开始调整，就可能会进入长时间的震荡下跌，从而陷入被动局面。

时间越往后越被动，如果到期日临近，哪怕没有到达预定目标，也要考虑行权的问题。只要在行权价以上，就能收回部分资金。当时间所剩无几，合约有盈利，或者小幅亏损，市场总体也不够强势，那么可以考虑行权结束合约。从大多数投资者反映的情况看，成功的期权投资都是提前到达预定目标价，到期的合约往往结果都是亏损或失败的。进行场外期权投资时，时间上尽量给自己留有余地。

4. 期权是风险管理工具，控制配置仓位

场外期权是风险管理的投资工具，不应该拿来当作赌博的工具。它不仅可以作为加杠杆的投资工具，也可以用作风险对冲的工具。很多专业的投资者将场外期权作为风险管理工具，合理利用各种合约组合进行仓位配置。不管涨跌都能从中受益，不涨不跌也能有不错的收益。合理配置场外期权，能够使投资者在各种情况下都占据有利位置。

而很多刚进入这个领域的投资者，往往比较乐观。对于期权投资的配比过大，最终出现很不利的情况。市场总是千变万化，场外期权投资也是受多方面因素影响，看似确切的机会，往往也会出现各种意外情况。如果期权投资仓位过重，一不留神就可能导致全军覆没。因此，场外期权投资切不可盲目乐观，更不能带有赌徒思想，规划好自己的资金，始终保留自己的实力，才能科学、有效地投资。

5. 做好全面计划，合理运用投资工具

投资的关键是始终要考虑你的应变能力，是否在面临各种情况下都有应对措施。不管是逢高止盈兑现，还是逢低加仓，又或直接躺平认亏，都要做到心中有数，临危不乱。场外期权作为投资的一种工具，为投资者的投资计划多提供一个选择，可能相应的就能多出好几种组合策略，从而应对各种情况。比如，投资者短期计划配置 1000 万元某股票 A，在没有场外期权的时候，投资者可能会考虑直接买 1000 万元股票 A，有了场外期权以后投资者可以选择买 500 万元股票 A，然后用 50 万元配置 500 万元名义本金股票 A 的场外期权，剩余 450 万元作为备用资金，灵活应对各种情况。

正因为场外期权能够提供更多额外的应变措施，投资者在运用这个工具进行投资时，必须做好全面计划。当看好的标的上涨时该怎么应对，是止盈期权合约行权还是股票卖出仓位？下跌时该怎么应对，是继续开仓新的合约。还是加仓股票摊低成本？横盘震荡时该怎么应对，是继续等待机会还是做其他应对？这些都要做充分的考虑。总之，提前做好全面计划，期权投资才能更加顺畅。

四、保持良好心态

在整个投资过程中，心态一直影响着投资结果。剥离心态讲交易，那么交易就纯粹是一个概率性事件，只要计划制订得科学合理，那么成功与否就是概率问题。而因为投资者心态的波动，往往会干扰投资计划，导致投资行为偏离事先预设，从而导致投资失败。因此，心态好不一定能赚钱，但心态不好肯定赚不到钱。

期权投资因为具有非线性损益特性，加上高杠杆性，所以投资收益曲线的波动往往非常大。其收益的波动远远大于股票和期货，所以比股票和期货投资心态更难调整。投资者可能一天中就会经历从亏损状态变成豪赚几倍收益，也有可能经历从豪赚几倍到血本无归。很多心态不好的投资者不仅无法赚取到收益，反而因为期权投资造成极大的不良影响，哪怕赚取到一定收益也得不偿失。因此，对于还没有参与期权交易的投资者，一定要做好心理准备，对于已经参与期权交易的投资者，也要掌握一定的方法及时调整心态。

1. 做好最坏的打算

大多数投资者都是偏乐观的，带着满满的自信和期待参与其中。就像海边的游客都跃跃欲试，迫不及待想要感受大海的神秘。有的想要踏浪，有的想要游泳，有的想要冲浪……在期权投资开仓前，投资者也总是对持有该笔投资非常看好，觉得自己比市场上掌握更多的信息，比大多数投资者厉害，能够在市场上赢得胜利。

但事实往往会偏离预想，在投资过程中会出现各种突如其来的状况。当出现的这些情况超出了自己的预判时，投资心态就会出现较大变化。会导致手忙脚乱不知所措，产生错误判断和操作，出现恐慌情绪，导致整个交易计划的失败。

因为期权投资非线性损益，市面上总打着“亏损有限、收益无限”的旗号，投资的高收益可能会因此被放大。导致投资者过度贪婪，但亏损有限却可能是损失掉所有本金。投资者不能过分乐观，只想着一把暴富，忽略投入的本金会全部亏完的风险，而一旦投资结果出现偏差，又会产生恐慌，导致巨大的心态失衡。

避免自己产生恐慌，就要对所有的情况做出预判，在制订投资计划时就应该把最大风险放在首要位置来考虑。做好最坏的打算是保持好的投资心态的基础，考虑最大的风险损失承受能力，就会运用合理的仓位进行投资。因此，风险管理也会变得科学，整个投资就会变得很轻松，心态也就会变得平静，针对发生的各种情况才有可能轻松应对。

2. 按计划执行

在整个期权投资过程中，投资者心态可能会经历自信、乐观、悲观、纠结、犹豫、贪婪、恐慌、悔恨等波动。但如果抛开人的情绪，假设完完全全是机器在做投资，那就不会产生任何情绪了，整个投资过程自然就不会受人为的干扰。投资产出的结果只是投资计划的一部分，对于投资者也是完全可以接受的，对投资结果的不满意只能归结于投资计划的不完善，与投资执行层面完全不相关。

在实际操作过程中，期权投资计划往往是粗糙的，各个环节的应对措施也是间断性的，而整个投资过程是连续性的，所以期权投资很难脱离投资者。从计划制订以后所有的判断和抉择都是投资者综合考虑的结果，当面临很多具体情况时，比如，面对一定的盈利，是该止盈，还是按照计划继续等待目标位，投资者会产生纠结犹豫的情绪。当有一定盈利后，因为还没有到达预定计划目标位，市场因为各种因素影响，股价开始掉头向下，导致大幅盈利变为血本无归，悲观和悔恨的情绪可想而知。

一直保持好的心态才是能力，当心态出现波动时，那么在纠结和犹豫的时候，在徘徊不知所措的时候，应该反问自己最初的计划是什么，是否要继续坚持自己的计划。这样往往能让自己继续保持良好的心态。按照计划执行，哪怕决策失误导致投资失败，也是因为计划不周到，投资者应该推敲复盘计划制定环节。在绝大多数情况下，只有按照既定的投资计划执行，才能继续保持良好的心态。

3. 保住胜利的果实

人性总是贪婪的，贪婪是已经获得一定收益以后，还想要追求更多收益。一旦收益减少，很容易导致悔恨的心态，任何投资都很难买在最低点、卖在最高点，也就很难获得最大的收益。由于期权投资的非线性收益曲线，买卖点稍微的变化会导致投资结果出现很大的不同。相差几十个点的收益是很常见的情况，有时候甚至会出现几倍的差异，那么投资者的心态很容易因此产生巨大的波动。

如果合约赚钱没有及时行权，投资者就会产生一定的收益预期，会想着不能低于前面的价格卖出。如果前面到达的价位没有行权，现在已经低于这个价格，这时候行权就证明是自己投资失误。投资者往往很难主动承认错误，随着到期日临近，价格还没有回到前面的价格，这时候投资者通常就会产生后悔自责的心理。

弱水三千只取一瓢，永远不要想着战胜这个市场，任何时候都要保持对市场的敬畏之心。谁都不可能赚到所有的钱，能在这个市场赚取收益就很不错，因此，在一定盈利的情况下可以逐步止盈。如果仓位较多，则可以考虑分步进行兑现，起码让自己处于不亏的状态。不管继续上涨，还是下跌，都能保持较好的应对心态。如果仓位较少，兑现收益后，股价继续上涨，那么也能保持良好的心态，因为已经守住了胜利的果实。当然继续上涨，内心也要祝福持有的投资者。

4. 学会休息

巴菲特说:“别人贪婪我恐慌。”自己开始贪婪的时候，更要谨慎冷静。当连续几笔投资都盈利的时候，投资者就会忽略市场的其他因素，过分高估自己的能力。会认为自己已经掌握了财富密码，从而放大贪婪，不断加大投入，心态就会变得过度乐观，这个时候往往容易栽跟头。从概率学的角度分析，任何战法策略都不可能保持百分百的胜率，在连续多次成功以后往往会迎来失败的投资。从人性的客观角度来分析，连续多次胜利以后，往往容易产生骄傲的心理，从而放松警戒防线。因此，当连续多次盈利之后，可以适当休息，守住胜利的果实，总结成功的经验，调整投资心态。

市场才是永远的老师，没有谁能一帆风顺，在市场上一直赚钱，连续多笔投资失败的情况也时有发生。这时候，投资者往往会变得悲观，出现严重的信心不足，开始畏手畏脚、不知所措。还有一类投资者会产生赌徒心理，想要重金下注一把翻本，这样丧失理智的投资行为，很难达到预期的效果，最后造成不可挽回的悲剧。这时候最应该做的是停下来，分析失败的原因，总结不足之处，调整心态，为下次投资做好充分的准备。

学会休息是保持良好投资心态的重要手段，不管是连续成功还是失败，都要适时停下来总结反思，冷静分析市场，才能从容应对各种情况。欲速则不达，短暂的停留是为了走得更快、更远，这样才能更加有利于长期保持良好的投资心态。

五、期权投资妙招

相比于股票和期货，场外期权投资更为立体多变，涉及方向、时间和空间三个维度。其中还要考虑波动率等因素，复杂程度更高，因为杠杆更大，波动更剧烈，需要快速判断和应对能力。成功的场外期权投资者，不仅具有完善的交易系统，具备良好的投资心态，还要拥有独特的小技巧。这些小技巧能帮助投资者更好地制订和执行投资计划，大大减少错误发生的概率，从而提高投资胜率。

1. 每天研读消息政策

股票交易中的长线投资者更多的是静态价投为主，不需要经常盯着市场新闻消息；股票短线交易和期货投资者更多的是赚短期波动的钱，需要经常关注实事新闻。市场第二天的走势跟当天的消息面密切相关，期权投资是多维投资，需要把控时间因素，每天的消息都应该仔细研读。

研读每天的消息能够为选股提供参考，对市场短期影响最大的就是新闻消息，基本面的变化总是不连续的，同时也是缓慢的，只有消息面的刺激是立竿见影的，这是最能左右投资者情绪的因素。因此，每天关注新闻政策，能为我们选择标的物提供重要参考，尽快介入市场投资主线，能够让我们迅速把握战机，掌握主动优势。

市场每天的走势都是各种因素综合的结果，国内外大大小小的消息刺激，导致各板块个股受情绪高开或低开。随着多空力量和多方情绪的胶着，最后产生涨跌的结果，提前了解掌握一定的消息，对第二天的大环境，包括所持有的个股标的都能有个大致的预判。如果持有的某个标的临近目标价，收盘后正好有利好消息刺激，那么第二天很有可能会达到止盈位，就可以重点关注行权事项；如果关注的标的正好出现不利的消息，那么第二天可以先观察情况，不用急着买入，等待好的入场点位。因此，每天研读政策新闻是做好期权投资的重要法宝。

2. 研究期权报价表格

部分场外期权卖方每天晚上会提前给客户发布第二天的报价，很多金矿就是在这份表格里面挖掘出来的。期权投资者可以通过研究这份表格获取很多信息，期权报价的高低反映市场波动率的高低，低报价阶段反映的是市场人气一般，市场成交量也相对低迷，那么对于持仓的合约要保持谨慎态度。市场交投活跃的时候，市场价位总体较高，波动率相对会大一些，期权平均报价就会偏高，这时候手里持仓的合约预期可以稍高一些。

每天研究报价的表格能够强化自身敏锐度，各个标的不同合约和结构之间价格的差异会印在脑海里，甚至能够直接判断某个标的合约的报价，这就能够大大减少询价带来的琐碎的工作。更高层级的期权投资者，脑海里面不仅有个股的属性和走势等资料库，还能有相应的合约期权报价。根据两者的结合，判定该标的相应合约的胜率和赔率，从而匹配出最优的期限和结构的合约。

期权报价表格本身也是一种市场反馈，表格中报价高的板块和个股，往往代表着近期市场的风格和方向。高波动率代表着高换手高人气，短期暴涨的概率也相对更大，卖方为了控制风险调高期权费率。这样的理解不全对，但也合乎情理，所以也有很多投资者通过研究期权报价表来做综合的资产配置。还有很多追寻赔率的投资者，通过研究报价表，寻找低报价的标的，在同等情况下，能够获得更大的杠杆，很多爆赚的投资案例都是从中产生的。因此，研究报价表是挖掘高性价比投资机会的重要手段，也是做好期权投资重要的技巧。

3. 制定盈利损益表

场外期权投资目前还处于比较前期的阶段，不像股票和期货投资一样，能够实时查看自己的盈亏状况。场外期权投资的非线性损益特性，收益情况往往显得复杂多变。盘中的涨跌使得投资者很难知晓具体的盈亏情况，所以投资者可以事先做好一份投资损益表，将开仓价、结构、期限和期权费等固定因素先做保留，盘中只要实时更新现价就可知道具体的盈亏，便于投资者迅速做出行权判断。

如果开仓合约过多，一份综合的损益投资表，能够解决很多的问题。它能够提醒你该重点关注的合约，快到目标价的合约可以重点标注，也可以让你知道合约的到期日。如果合约剩余期限不多，可以寻找合适的机会行权，这样不至于因为疏忽大意，导致错过相对最佳的行权位置。

目前场外期权个股投资的标的，都是融资融券标的，机构可以通过融券加强做空力量，所以很多时候股价上涨只是短时间完成的。除非个别看涨情绪一致性很强的情况，大部分两融标的相对更难封住涨停，封住后经常出现炸板回落的情况，那么我们通过损益表可以提前预算当天涨停价的盈利情况。把当天的极端情况都考虑好了，就能够从容应对所有情况。如果涨停价到达或超过目标位，也可以先挂指定价行权，这样能够更好地把握行权机会，做到有备无患。

头顾科技是一家专注于场外衍生品服务的科技公司，目前该公司开发的一款香草期权计算器，是一个非常好用的工具。只要设置好合约参数后，输入期末价格就能第一时间核算合约盈亏情况，从而有效降低投资者工作量，为期权投资者提供了非常大的便利。

4. 提前设定止盈点

场外期权投资的核心是胜率和赔率的合理搭配，大部分投资者失败的原因是投资计划不科学，或者根本就没有计划，还有部分投资者失败的原因是计划执行不到位。尤其是盈利之后，开始变得更加贪婪，一山看着一山高，没有预设止盈位，或者到达止盈位后没有行权。随后股价开始回落，最终导致投资的失败。

成熟的投资者每天会关注接近预设止盈位的标的，甚至会提前挂单制定价格行权，这样能大大提高成功率。因为场外期权投资往往带有很高的杠杆，香草结构短期虚值的合约能达到几十倍的杠杆，高杠杆就决定了期权投资的高赔率。因此，成功率是期权投资的关键，预设止盈位能很好地提高成功率，让投资者更容易做好场外期权投资。

5. 多方搜取投资信息

场外期权投资相对股票和期货投资通常持有的时间会更长，投资者一旦投资了某个期权合约，通常会等待赚取到预定的收益才考虑行权，要不会等到期权时间用完。不会像股票或者期货一样，因为盘中的波动洗盘淘汰出局，所以获取到一定信息的时候，可以重点考虑用场外期权来投资。如果投资失败，损失相对也有限；如果投资成功，将获得更大的回报。从性价比来说，场外期权投资是信息价值的很好的投资工具。

场外期权投资的消息比股票的消息更有参考价值，场外期权投资与股票和期货投资不同，在大额开仓买进之前，买家不像股票市场一样直接扫货即可。场外期权买家要考虑各家机构期权费报价，因为总体的额度比较大，所以期权费的差额能够让买家获得更大的杠杆，或者拥有更多的额度。另外，单个标的的额度，各机构也是有限的，如果买家想获得更多的额度，需要向多家机构询价购买，那么就会从侧面透露一些信息，知情人士相对也会增多。这时市场上可能就会流出一些所谓的小道消息，这种消息是具备一定的参考价值的，如果该标的正好是观察的意向标的，那么就可以作为加分项来考虑。

6. 多方询价选最优

近年来，越来越多机构发力场外衍生品业务，场外期权一二级交易商也在不断扩容。截至 2022 年 7 月，证券行业场外期权交易商已增至 46 家，包括 8 家一级交易商和 38 家二级交易商；期货行业场外期权交易商达 63 家，包括 7 家一级交易商和56家二级交易商。而这些机构的各个合约报价并不完全一致，甚至说有时候会相差甚远。由于每家机构不同时间段的报价也有差距，所以通常交易前都会进行询价对照，下面通过询价案例说明各报价方的差距。

表8–2 史丹利询价对比参照表

询价标的	史丹利002588			报价日期	2022年2月21日	
期权结构	100%		105%		报价方	起步金额
合约期限	1个月	2个月	1个月	2个月		
期权费率	4.62%	6.71%	2.79%	4.87%	报价方1	100万元
	4.97%	7.50%	3.10%	5.62%	报价方2	100万元
	5.15%	6.97%	3.22%	5.01%	报价方3	100万元
	5.23%	7.45%	3.38%	5.60%	报价方4	100万元
	4.91%	7.01%	3.12%	5.25%	报价方5	300万元
	5.11%	6.60%	3.31%	4.74%	报价方6	100万元
	5.26%	7.27%	3.51%	5.49%	报价方7	100万元
	6.67%	9.10%	4.87%	7.21%	报价方8	100万元

为什么会出现这样的情况，这要从各个机构的对冲模型说起，机构的对冲模型的原理大致相同。投资者买入看涨期权作为多头持有多单，而机构作为期权的空头是需要在场内买入合约相对应的股票做对冲。一旦股票上涨机构就会在场内继续买入股票对冲风险，如果股票下跌机构就在场内不断

卖出股票减少持仓，至于买卖数量是根据模型里面的参数计算出来的。

例如，Delta 值用来表现期权价格和对应股票价格的相互关系，计算原理是在一定的时间区间内，用期权价格变化率除以股票价格变化率。假设某只股票的当前价格为 200 元，对应的看涨期权价格为 40 元，当股票价格上涨至 202 元时，期权的价值变为 41.2 元，而当股票价格下跌至 190 元时，期权的价值变成 38.8 元，股票的价格每变动 1%，期权的价格就会变动 3%，则此期权的 Delta 值为 3（Delta= 期权价格变动率 ÷ 股票价格变动率 =3% ÷ 1%）。此时，如果想完全对冲掉股票波动的风险需要抛空 3 倍于期权数量的股票，即卖空 600 元（=200 元 ×delta=200 元 ×3）股票，买入 40 元期权。在建立对冲仓位后，则股票价格波动的盈亏正好与期权价值变动的盈亏相等，方向相反。此时，整个对冲组合处于 Delta 中性状态。

上述只是其中一种对冲方法，因为是在场外没有场内那样能清晰地看到 Delta、Gamma、Vega 和 Threta 这些参数，每家机构都有自己的一套对冲模型来计算这些参数，所以每家的报价都不一样。这就需要场外多家机构去询价，选择最优报价进行投资交易。

选择最优期权费报价方开仓，不仅能节省成本，降低盈亏平衡点，从而有效降低投资风险，提高投资胜率，还能获得更大的投资杠杆，从而获得更大的投资赔率。因此，相对于其他工作，询价对比选择最优价格是投资者最直接受益的，也是最重要的工作。目前大部分投资者都还是手工询价，并制作报价对照表，从中选取最优报价开仓，这样往往效率较低，容易导致错失投资机会。头顾科技公司开发的网上询价系统，可以对接多家券商询价，自选标的一键询价，自动筛选各期限和结构的最优报价，并可以自动计算合约盈亏情况，功能非常强大，能为期权投资者节省大量工作，提升询价的速度和质量。

第九章　期权投资专业词典

一、期权合约相关术语

1. 期权合约

期权合约是指一种规定期权购买者在未来特定时间可以行使某项权利的合约。

2. 期权种类

期权种类又称期权类型，按照行权方式分为美式期权和欧式期权；按照价值状态分为实值期权、平值期权和虚值期权；按照购买者权利分为认购期权和认沽期权。

3. 标的证券

标的证券又称合约标的，指期权合约规定的双方买入或卖出的资产，为期权所对应的标的资产。个股期权对应的标的证券就是对应的股票或 ETF。

4. 场外期权

场外期权是指交易双方达成的非标准化期权合约。

5. ETF

ETF 即交易型开放式指数基金，又称交易所交易基金，是指一种跟踪标的指数变化且在证券交易所上市交易的基金。沪深两市目前上市期权都是以 ETF 作为期权的标的证券。

6. 个股期权

个股期权是指由交易所统一制定的、规定合约买方有权在约定的时间以约定的价格买入或者卖出约定合约标的的标准化合约。目前沪深两市未推出以普通个股为标的的期权产品。

7. 合约单位

合约单位又称合约乘数，是指期权合约规定合约持有人有权买入或卖出标的的资产数量。

8. 头寸

头寸是指在一个账户或策略中的特定的证券。

9. 合约到期日

合约到期日是指期权合约有效期截止的日期，也是期权权利方可行使权利的最后日期。在此日之后，期权失效。到期期限与认购期权、认沽期权价值均为正相关关系。

10. 美式期权

美式期权是指期权权利方可以在期权购买日至到期日之间任何时间行权的期权合约。

11. 欧式期权

欧式期权是指期权权利方只能在到期日行权的期权合约。目前在沪深两市上市交易的都是欧式期权。

12. 认购期权（Call Option）

认购期权又称看涨期权，是指约定期权权利方有权在约定时间以约定价格从义务方手中买入约定数量的合约标的证券的合约。

13. 认沽期权（Put Option）

认沽期权又称看跌期权，是指约定期权权利方有权在约定时间以约定价格将约定数量的合约标的证券卖给期权义务方的合约。

14. 行权价格

行权价格是指按期权合约规定，期权权利方行权时适用的合约标的交易价格。

二、期权价值相关术语

1. 期权价值

期权价值包括两个部分：一是内在价值，二是时间价值。

2. 内在价值

内在价值是指假如期权立即履行时该期权的价值，只能为正数或者为零。内在价值与时间价值共同构成期权的总价值。

3. 时间价值

时间价值是指在期权剩余有效期内，合约标的价格变动有利于期权权利方的可能性。时间价值和内在价值共同构成期权的总价值。

4. 波动率

波动率是指一种衡量股票价格变化剧烈程度的指标，一般用百分数表示。股价波动率与认购期权、认沽期权价值均为正相关关系。

5. 历史波动率

历史波动率是指投资回报率在过去一段时间内所表现出的波动率，由合约标的市场价格过去一段时间的历史数据反映。

6. 隐含波动率

隐含波动率是指期权市场投资者在进行期权交易时对未来波动率的认识，且该认识已反映在期权的定价过程中。

7. 无风险利率

无风险利率是指将资金投资于某一项没有任何风险的投资对象而能得到的利息率。

8. Black-Scholes模型

Black-Scholes 模型又称 B — S 模型，是 1973 年由两位经济学家 BLACK、SCHOLES 提出的、对欧式期权进行定价的公式，对衍生金融工具的合理定价奠定了基础。

三、期权损益相关术语

1. 损益图

损益图是指用来刻画期权到期时标的股价、期权价格与损益之间关系的示意图，可以直观地了解标的股价与期权内在价值之间的关系。使用损益线可以大大提高期权使用者匹配期策略与投资目标的能力。

2. 平值

平值是指期权的行权价格等于合约标的市场价格的状态。

3. 实值

实值是指认购期权的行权价格低于合约标的市场价格，或者认沽期权的行权价格高于合约标的市场价格的状态。

4. 实值认沽期权

实值认沽期权是指行权价格高于合约标的市场价格的认沽期权。

5. 实值认购期权

实值认购期权是指行权是价格低于合约标的市场价格的认购期权。

6. 虚值

虚值是指认购期权的行权价格高于合约标的市场价格，或者认沽期权的行权价格低于合约标的市场价格的状态。

7. 虚值认沽期权

虚值认沽期权是指行权价格低于合约标的市场价格的认沽期权。

8. 虚值认购期权

虚值认购期权是指行权价格高于合约标的市场价格的认购期权。

9. 套期保值

套期保值是指一种通过一项交易对冲另一已有头寸的风

险，以限制投资亏损的保守投资策略。

10. 非线性投资损益

非线性投资损益是指期权投资者的收益与损失不是对称关系，收益、损失与权利金的关系也不是线性或简单倍数关系。

11. 套利

套利是指为了无风险盈利，同时买入和卖出合约标的相同的同种类型的期权的头寸。

12. 对冲

对冲是指投资者为降低另一项投资的风险的交易。个股期权在投资实践的某些策略组合中，可以实现对冲风险的作用。

13. 盈亏平衡点

盈亏平衡点是指期权投资者实现投资收益为零时标的证券的价格。

14. 期权平价关系

期权平价关系是指具有相同的行权价与到期日的认购期权和认沽期权的价格之间所必然存在的基本关系。

四、期权交易相关术语

1. 多头

多头是指投资者是某一期权的净权利方，即买入的合约多于卖出的合约。

2. 空头

空头是指投资者是某一期权的净义务方，即卖出的合约多于买入的合约。

3. 买入开仓

买入开仓是指买入认购期权或认沽期权，如投资者已作为权利方持有头寸或没有持有头寸时，则买入成交后，增加权利方持有头寸；否则，先对冲持有的义务方头寸后，再增加权利方头寸。

4. 买入平仓

买入平仓是指投资者作为义务方持有头寸（不含备兑开仓持仓头寸），买入期权，成为无义务方或减少义务方头寸。

5. 卖出开仓

卖出开仓是指卖出认购期权或认沽期权，如投资者已作为义务方持有头寸或没有持有头寸时，则卖出成交后，增加义务方持有头寸；否则，先对冲持有的权利方头寸后，再增加义务方头寸。

6. 卖出平仓

卖出平仓是指卖出认购期权或认沽期权，投资者作为权利方持有头寸时才可卖出平仓，且卖出合约数量不得超过持有的头寸。

7. 备兑开仓

备兑开仓是指在拥有足额标的证券的基础上，提交足额合约标的作为备兑备用证券，卖出相应数量的认购期权合约。

8. 权利金

权利金是指期权合约的市场价格，期权权利方将权利金支付给期权义务方，以此获得期权合约所赋予的权利。

9. 保证金

保证金是指在期权交易中，期权义务方必须按照规则缴纳的金额。交易保证金分为开仓保证金和维持保证金。

10. 实物交割

实物交割是指在期权合约到期后，认购期权权利方支付现金买入合约标的，义务方收入现金卖出合约标的；或认沽期权权利方卖出合约标的收入现金，义务方买入合约标的并支付现金。

11. 现金交割

现金交割是指买卖双方按照结算价格以现金的形式支付价差，不涉及合约标的转让。

五、期权的希腊字母

1. Delta值

Delta 值是指期权标的股票价格变化对期权价格的影响程度。

Delta= 期权价格变化 / 期权标的股票价格变化。股票价格与认购期权价值为正相关关系，与认沽期权价值为负相关关系。

2. Gamma值

Gamma 值是指期权标的股票价格变化对 Delta 值的影响程度。Gamma=Delta 的变化 / 期权标的股票价格变化。

3. Theta值

Theta 值是指到期时间变化对期权价值的影响程度。Theta= 期权价值变化 / 到期时间变化。到期期限与认购、认沽期权价值均为正相关关系。

4. Vega值

Vega 值是指合约标的证券价格波动率变化对期权价值的影响程度。Vega= 期权价值变化 / 波动率的变化。波动率与认购、认沽期权价值均为正相关关系。

5. Rho值

Rho 值是指无风险利率变化对期权价格的影响程度。Rho= 期权价格的变化 / 无风险利率的变化。市场无风险利率与认购期权价值为正相关，与认沽期权价值为负相关。

六、常用期权组合

1. 期权组合

期权组合是指将期权到期日、数量、行权价和期权类型作以组合，形成新的金融工具，以达到规避风险、保值增值的目的。

2. 组合策略

组合策略是指期权投资者可以根据对未来标的证券的预期，结合各自的风险收益偏好，通过不同的期权品种、期权和标的证券的组合等，形成不同盈亏分布特征的组合，以实现投资目的。

3. 垂直价差策略

垂直价差策略是指买入一个期权的同时卖出一个期权，这两个期权具有相同合约标的和相同到期日，但具有不同的行权价。

4. 牛市价差策略

牛市价差策略是指买入一份期权，同时卖出一份、同一合约标的、相同到期日的行权价更高的期权。

5. 牛市认购期权价差策略

牛市认购期权价差策略是指买入行权价较低的认购期权，同时卖出一个同一品种、相同到期日的行权价较高的认购期权。

6. 牛市认沽期权价差策略

牛市认沽期权价差策略是指买入行权价较低的认沽期权的同时，又卖出一个同一品种、相同到期日的行权价较高的认沽期权。

7. 熊市价差策略

熊市价差策略是指买入一份期权，同时卖出一份同一合约标的、相同到期日的行权价更低的期权。

8. 熊市认购期权价差策略

熊市认购期权价差策略是指买入行权价较高的认购期权，同时卖出同一品种、相同到期日的行权价较低的认购期权。

9. 熊市认沽期权价差策略

熊市认沽期权价差策略是指买入行权价较高的认沽期权，同时卖出同一品种、相同到期日的行权价较低的认沽期权。

10. 跨式策略

跨式策略是指买入一份认购期权的同时买入一个行权价和到期日相同的认沽期权。

11. 勒式策略

勒式策略是指买入一份认购期权的同时买入一个行权价和到期日相同的认沽期权。

12. 蝶式价差策略

蝶式价差策略是指一种使用牛式价差策略和熊式价差策

略的复合套利策略，包括多头蝶式价差策略和空头蝶式价差策略。

13. 跨期价差策略

跨期价差策略是指卖出一个到期日较早的认购期权，同时买入一个行权价相同但到期日较晚的认购期权。

七、期权风险和风控术语

1. 维持保证金

维持保证金是指投资者在保证金账户中确保合约履行的资金，是已被合约占用的保证金。

2. 高溢价风险

高溢价风险是指当出现期权价格大幅高于合理价值时产生的风险。

3. 价值归零风险

价值归零风险是指虚值期权在接近合约到期日时期权价值逐渐归零的风险。

4. 限仓

限仓是指对投资者的持仓数量进行限制，持仓限额包括单个合约品种的权利仓持仓限额、总持仓限额、单日买入开仓限额等。

5. 限购

限购是指规定个人投资者买入期权开仓的资金规模不得超过一定金额。

6. 强行平仓

强行平仓是指投资者出现保证金低于规定标准且未能在期权经营机构规定时间内补足或者自行平仓、备兑证券数量不足且未能在期权经营机构规定时间内补足备兑备用证券或者自行平仓或期权经纪合同约定的其他情形之一时，期权经营机构将对投资者实施强行平仓。